古典文獻研究輯刊

三三編

潘美月・杜潔祥 主編

第 13 冊

山海經通解（上）

周 運 中 著

國家圖書館出版品預行編目資料

山海經通解（上）／周運中　著 -- 初版 -- 新北市：花木蘭文
化事業有限公司，2021〔民110〕
目 4+180 面；19×26 公分
（古典文獻研究輯刊 三三編；第 13 冊）
ISBN 978-986-518-629-6（精裝）
1. 山海經　2. 研究考訂
011.08　　　　　　　　　　　　　　　　　　110012078

ISBN-978-986-518-629-6

9 789865 186296

古典文獻研究輯刊
三三編　第十三冊　　　　　　　ISBN：978-986-518-629-6

山海經通解（上）

作　　者　周運中
主　　編　潘美月、杜潔祥
總 編 輯　杜潔祥
副總編輯　楊嘉樂
編　　輯　許郁翎、張雅淋、潘玟靜　美術編輯　陳逸婷
出　　版　花木蘭文化事業有限公司
發 行 人　高小娟
聯絡地址　235 新北市中和區中安街七二號十三樓
　　　　　電話：02-2923-1455／傳真：02-2923-1452
網　　址　http://www.huamulan.tw 信箱 service@huamulans.com
印　　刷　普羅文化出版廣告事業
初　　版　2021 年 9 月
全書字數　256806 字
定　　價　三三編 36 冊（精裝）台幣 90,000 元

山海經通解（上）

周運中 著

作者簡介

周運中，男，江蘇省濱海縣人。博士，南京大學海洋文化研究中心特約研究員、中國海外交通史研究會理事、中國百越民族史研究會理事。著有《鄭和下西洋新考》、《中國南洋古代交通史》、《中國文明起源新考》、《正說臺灣古史》、《濱海史考》、《九州考源》、《秦漢歷史地理考辨》、《鄭和下西洋續考》、《西域絲綢之路新考》、《唐代航海史研究》、《道士開闢海上絲綢之路》、《魏晉南北朝地理與政局研究》、《百越新史》、《中國東南的歷史進程》、《明代〈絲路山水地圖〉的新發現》、《牛津藏明末閩商航海圖研究》等，發表論文百餘篇。

提　要

　　本書回顧《山海經》研究史，考證《山經》的山川、生物、礦物，從戰國政治和交通地理解釋《山經》選擇和排列這些山川的原因。結合歷史學、人類學、考古學、語言學和自然科學，考證《海經》記錄的很多民族，發現南方民族分布多在南亞和東南亞，東方民族多在朝鮮半島和日本、臺灣，北方民族從東北分布到阿爾泰山以北。分析《山海經》中的山名，研究《山海經》附錄的《水經》成書經過。用西域語言復原《山海經》諸多名物的語源，提出《山海經》最早的地圖是來到中原的西域胡人繪製，由齊國人漢譯及增改，形成最早的《山海經》，燕國人刪改《大荒經》為《海外經》，加上新作的《海內經》，形成今本《山海經》。結尾分析《山海經》和其他上古典籍的聯繫，總結《山海經》的影響。

目

次

上　冊

緒論：研究史和研究法

　　十五年前，我的本科畢業論文《山海經歷史地理研究》就有近百頁，當時市面上的《山海經》研究著作還很少。斗轉星移，最近國內的《山海經》讀物忽然出現爆發式增長。究其原因是近年國人稍稍富裕起來，所以有些閒情逸致消遣一下遠古的怪獸奇談。這不過是大陸剛剛進入港臺幾十年前的生活狀態，何況多數的《山海經》讀物還停留在膚淺層面。另一方面，體制內的學者們卻沒有表現出對《山海經》的太大興趣，學院式的《山海經》著作數量和質量反而都不如十多年前了！因為更加體制化的學術認為《山海經》無用，不符合申報課題的主旨。一方面是大眾對《山海經》有需求，另一方面是學者並不想提供高質量的《山海經》的研究著作。

　　其實《山海經》是一部極不尋常的書，研究《山海經》要熟悉古史，明察地理，具備科學素養，兼通音韻文字，還要掌握中外關係史和民族史知識。這五種要求，缺一不可。研究《山海經》是究天人之際，通古今之變。著書藏之名山，治學首先為己。今天我寫這本書，只想探索《山海經》的真相。因為本書力求貫通，故名通解。

第一節　古代研究史

　　近年《山海經》研究史著作，有歷史地理學者張步天的《山海經概論》和文學史學者陳連山的《〈山海經〉學術史考論》。〔註1〕張著早出，遠勝陳

〔註1〕張步天：《山海經概論》，天馬圖書有限公司，2003年。陳連山：《〈山海經〉學術史考論》，北京大學出版社，2012年。

書。張著是第一部《山海經》研究史，認為漢晉為《山海經》研究奠基期，南北朝到宋元以徵引選輯為主流，明清以考證闡釋為主流。陳著僅列漢、晉、宋、明、清、現代六章，現代部分僅有神話學，不寫近代，認為明代《山海經》研究走向世俗化。我認為二說皆不合理，其實明代的《山海經》研究有理學化、科學化兩條路。這兩條路都源自漢代，儒家多認為《山海經》是荒誕不經的小說。魏晉南北朝儒學衰微時，《山海經》地位大為提高。宋明理學流行時，《山海經》地位又下降。其實宋明理學的根源在晚唐，唐代人就開始貶斥《山海經》。明末思想解放，《山海經》又為人重視。前人對明末這段歷史認識不夠，其實明末人是清代《山海經》考據學的先導。雖然《山海經》可以反映中國古代思想史的變化，但是《山海經》研究最重要的工作還是考證山水國族的位置，而非發掘古人的研究史。在進行具體的地理考證之前，還是要先簡述《山海經》研究史。

一、西漢：怪物、堪輿之書？

司馬遷《史記・大宛列傳》末尾的太史公曰：

> 《禹本紀》言：「河出崑崙。崑崙其高二千五百餘里，日月所相避隱為光明也。其上有醴泉、瑤池。」今自張騫使大夏之後也，窮河源，惡睹本紀所謂崑崙者乎？故言九州山川，尚書近之矣。至禹本紀、山海經所有怪物，余不敢言之也。

司馬遷說往來西域的漢朝使節都說他們到了于闐南山，現在這座山被劉徹定為崑崙山，可《禹本紀》說崑崙山高兩千五百丈，日月的光明都被它擋住，難道那些使節真的看到日月了嗎？言下之意是劉徹那傢伙的說法，我才不信呢！他認為《山海經》是不合格的地理著作，夾雜大量怪物，不如《禹貢》可靠。太史公此語對後世影響很大，很多人看到《山海經》怪的一面，以為怪就不可靠。殊不知《山海經》本身不怪，是看《山海經》的人少見多怪。

班固《漢書・張騫李廣利傳》抄《史記・大宛列傳》，連太史公曰也全部抄下，把最末一句改為：「至《禹本紀》、《山經》所言，放之矣！」司馬遷不敢言，班固說放，可見班固比司馬遷更加鄙視《山海經》！《漢書・藝文志》本自劉向、歆父子的《七略》，將《山海經》歸入術數略中的形法類，此類還有《國朝》、《宮宅地形》、《相人》、《相寶劍》、《相六畜》。此類是：「大舉九州

之勢，以立城郭宮社，形人及六畜：骨法之度數、器物之形容，以求其聲氣貴賤吉凶。」劉氏父子把《山海經》看作堪輿書，則所謂的劉秀《上山海經表》就是偽作。前人都對此表信以為真，我辨偽如下。

今見《上山海經表》說：

> 侍中奉車都尉光祿大夫臣秀領校、秘書言校、秘書太常屬臣望所校《山海經》凡三十二，今定為一十八篇，已定。《山海經》者，出於唐虞之際。昔洪水洋溢，漫衍中國，民人失據，崎嶇於丘陵，巢於樹木。鯀既無功，而帝堯使禹繼之。禹乘四載，隨山刊本，定高山大川。益與伯翳主驅禽獸，命山川，類草木，別水土，四嶽佐之，以周四方，逮人跡所希至，及舟輿之所罕到。內別五方之山，外分八方之海，紀其珍寶奇物，異方之所生，水土草木禽獸昆蟲麟鳳之所止，禎祥之所隱，及四海之外絕域之國，殊類之人。禹別九州，任土作貢，而益等類物善惡，著《山海經》，皆聖賢之遺事，古文之著明者也。

> 其事質明有信。考武皇帝時，嘗有獻異鳥者。食之百物，所不肯食。東方朔見之，言其鳥名，又言其所當食，如朔言。問朔何以知之，即《山海經》所出也。考宣帝時，擊磻石於上郡，陷得石室，其中有反縛盜械人。時臣秀父向為諫議大夫，言此貳負之臣也。詔問何以知之，亦以《山海經》對。其文曰：「貳負殺窫窳，帝乃梏之疏屬之山，桎其右足，反縛兩手。」上大驚。朝士由是多奇《山海經》者，文學大儒皆讀學，以為奇可以考禎祥變怪之物，見遠國異人之謠俗。故《易》曰：「言天下之至賾而不可亂也。」博物之君子其可不惑焉。

> 　　　　　　　　　　　　　　　　　　　　　臣秀昧死謹上。

此表開頭提到《山海經》凡三十二篇，今定為十八篇。僅此一句，校訂工作就講完了，而前人指出，現存的劉向其他《敘錄》一般要列出以下幾個環節：

1. 所依版本。如《〈管子〉敘錄》云：「所校讎中《管子》書三百八十九篇，太中大夫卜圭書二十七篇，臣富參書四十一篇，射聲校尉立書十一篇，太史書九十六篇，凡中外書五百六十四，以校。」

2. 具體校訂過程。如《〈晏子〉敘錄》云：「中書以『天』為『芳』，『又』

為『備』，『先』為『牛』，『章』為『長』，如此類者多，謹頗略櫛。」

3. 補缺去重，定著篇章。如《〈戰國策〉敘錄》：「所校中《戰國策》書，中書餘卷錯亂相糅莒，又有國別者八篇，少不足。臣向因國別者，略以時次之，分別不以序者，以相補。除重複，得三十二篇。」〔註2〕

我認為現存劉秀《上山海經表》毫無校書內容，應是偽作。《漢書・藝文志》所錄《山海經》有十三篇，而偽《上山海經表》卻有十八篇，多出五篇。袁珂解釋說十八篇是另一種排法，宋代尤袤《山海經後序》：「《道藏》本《南山》、《東山》經各自為一卷，《西山》、《北山》各分為上下兩卷，《中山》為上中下三卷，別以《中山》東北為一卷。」〔註3〕可備一說，但無論如何，劉秀的上表和《漢書・藝文志》出自一人，不應矛盾。偽《上山海經表》又說《山海經》出自唐虞之際的大禹治水，不講堪輿，而把《山海經》當成地理著作。

偽《上山海經表》又舉兩例來證明《山海經》可信，正史不提。東方朔是傳奇人物，太多的故事和書籍被歸到他的頭上。偽《上山海經表》末尾說：「故《易》曰：言天下之至賾而不可亂也。博物之君子，其可不惑焉。」魏晉南北朝才盛行讀《易》之風，而博物之君子可不惑很像是郭璞《注山海經序》的口氣，郭氏的序力辯《山海經》決非怪書，又用《穆天子傳》、東方朔、劉向、王頎的事蹟證明，評價《山海經》的光輝地位，最後說：「非天下之至通，難與言《山海》之義矣。嗚呼，達觀博物之君子，其鑒之哉！」郭璞的序極似偽《上山海經表》，所以作偽者很可能是郭璞。《四庫提要》也懷疑《上山海經表》是偽作，現在看來懷疑合理。

清洪頤煊《筠軒文鈔》卷二《書山海經後》認為《山海經》卷九、卷十三末俱有「建平元年四月丙戌待詔太常屬臣望校、治侍中光祿勳臣龔、侍中奉車都尉光祿大夫臣秀領主省結銜」三十九字，又論證可信無誤。我認為，漢代人確實校正過《山海經》，但是不能證明現在的《上山海經表》可信。

二、東漢至隋：地理書

東漢王充《論衡・別通》說：

〔註2〕孫欽善：《中國古文獻學史簡編》，高等教育出版社，2001年，第72～73頁。
〔註3〕袁珂：《山海經寫作時地及篇目考》，《神話論文集》，上海古籍出版社，1982年。

　　禹、益並治洪水，禹主治水，益主記異物。海外山表，無遠不
　　至。以所聞見，作《山海經》。非禹、益不能行遠，山海不造。然則
　　山海之造，見物博也。董仲舒睹重常之鳥，劉子政曉貳負之屍，皆
　　見《山海經》，故能立二事之說。使禹、益行地不遠，不能作《山海
　　經》。董、劉不讀《山海經》，不能定二疑。

趙曄《吳越春秋》曰：

　　（禹）巡行四瀆，與益、夔共謀。行到名山大澤，召其神而問
　　之山川脈理，金玉所有，鳥獸昆蟲之類及八方之民俗，殊國異域，
　　土地里數。使益疏而記之，名曰《山海經》。

這兩個東漢人的說法和偽《上山海經表》的說法很接近，而沒提到《上
山海經表》，所以偽《上山海經表》可能因襲了這兩篇文獻。

王充是會稽郡人，見多識廣，他首創科學研究《山海經》思路，《論衡》
卷十一《談天》說：

　　案禹之《山經》、淮南之《地形》，以察鄒子之書，虛妄之言也……
　　凡事難知，是非難測。極為天中，方今天下在禹極之南，則天極北
　　必高多民。《禹貢》東漸於海，西被於流沙，此則天地之極際也。日
　　刺徑千里，今從東海之上會稽鄞、鄮，則察日之初出徑二尺，尚遠
　　之驗也，遠則東方之地尚多，東方之地尚多，則天極之北，天地廣
　　長，不復訾矣。夫如是，鄒衍之言未可非，禹紀《山海》、淮南《地
　　形》未可信也。

他說如果看《山海經》和《淮南子·地形》，則鄒衍之說錯誤。但在東海
邊的鄞、鄮二縣（在今寧波）觀測日景，可知東海之外還有很多土地，可知鄒
衍之說可信，而《山海經》、《地形》為非。同卷《說日》說《山海經》扶桑十
日不可信，如果真有十日，要把樹木燒焦，要被湯谷澆滅，所以十日是人的
錯覺。《三國志·吳主傳》說孫權黃龍二年（230年）遣衛溫、諸葛直浮海求
夷洲（今臺灣）、亶洲，相傳徐福等人的子孫住在亶洲，有數萬家，人民時至
會稽貨布，會稽有人航海到亶洲。會稽郡與亶洲（今日本）有海上貿易，所以
王充能知道東海之外還有土地。

范曄《後漢書·循吏傳》載東漢明帝永平十二年（69年）：「議修汴渠，
乃引見（王）景，問以理水形便。景陳其利害，應對敏給，帝善之。又以嘗修
濬儀，功業有成，乃賜《山海經》、《河渠書》、《禹貢圖》及錢帛衣物。」說明

東漢人認為《山海經》是地理書，《漢書·地理志》泫氏縣，應劭曰：「《山海經》泫水所出者也。」

張步天認為許慎《說文》多處引《山海經》，但張著舉例不能說明引自《山海經》，不過是內容相近，也可能是來自其他文獻。《山海經》諸多僻字不見於《說文》，說明許慎不關注《山海經》。

東漢中期的王逸注《楚辭》時多次引用《山海經》，王逸是南郡宜城縣（今湖北宜城）人，或許因為《山海經》也出自楚地，與《楚辭》關係密切，所以他比較關注《山海經》。

魏晉玄學盛行，人們對《山海經》的看法大為改觀。陶潛有《讀山海經》組詩，此時還有很多模仿《山海經》的著作，如託名東方朔的《海內十洲記》、《神異經》、西晉張華《博物志》、東晉郭璞《玄中記》等。張步天指出，張儼、張揖、薛綜、如淳、陳壽、司馬彪、干寶、張湛、裴駰、宗炳、劉昭、顧野王、賈思勰等人引用過《山海經》。西晉王肅偽造的《孔子家語·執轡》說：「子夏曰：商聞《山書》曰：東西為緯，南北為經，山為積德，川為積刑。」明代人懷疑《山書》此句似《山海經》語。〔註4〕西晉杜預《春秋左傳集解釋例》說：「《禹貢》及《山海經》載其大略，而《春秋》注國邑之名尤詳。」認為《山海經》和《禹貢》都是上古重要地理著作。

郭璞把劉氏校書時未收的四篇《大荒經》和單篇《海內經》共五篇，補進《山海經》，又作《音義》、《圖贊》。他還有《爾雅注》五卷、《方言注》十二卷、《穆天子傳注》六卷、《水經注》三卷等。他精通天文曆算，注意用江南事物來解釋古書。但他的缺點已為畢沅指出：「注釋山水，不按道里，其有名同實異，即云今某地有某山，未知此是非。」郭璞的考證還很粗略，有時會把同名異地混淆。郭璞的錯誤在清代學者中仍然流傳，譚其驤的《論〈五藏山經〉的地域範圍》開頭就有批評。〔註5〕

南朝的學者重視《山海經》，《梁書·王筠傳》說王筠：「《左傳》凡三過五抄，余經及《周官》、《儀禮》、《國語》、《爾雅》、《山海經》、《本草》並再抄，子史諸集皆一遍。」

〔註4〕〔明〕郭孔建：《垂楊館集》卷八《讀書二》，《四庫未收書輯刊》第6輯第29冊。

〔註5〕譚其驤：《論〈五藏山經〉的地域範圍》，《長水集》續集，人民出版社，2009年。

北魏酈道元在《水經注》卷一說：「《穆天子傳》、《竹書》及《山海經》，皆埋蘊歲久，編韋稀絕，書策落次，難以緝綴，後人假合，多差遠意，至欲訪地脈川，不與經符，驗程準途，故自無會。」似乎貶低《山海經》，但《水經注》多次引用《山海經》。卷八《濟水注》：「尋經脈水，不如《山經》之為密矣。」卷三十九《廬江水注》：「按《山海經》創之在禹，記錄遠矣。」畢沅評價：「酈道元作《水經注》，乃以經傳所記，方之舊稱，考驗此經，按其塗改，十得者六。始知經云東西道里，信而有徵。雖古今世殊，未嘗大異，後之撰地理者多從之。」如果沒有《水經注》，今天的《山經》更難考證。

顏之推《顏氏家訓》云：「或問：《山海經》夏禹及益所記，而有長沙、零陵、桂陽、諸暨，如此郡縣不少，以為何也？答曰：史之闕文，為日久矣。復加秦人滅學，董卓焚書，典籍錯亂，非止於此……皆由後人所羼，非本文也。」他認為，不能因為有後世地名竄入就說《山海經》不是古書。

唐初所修的《周書·異域傳》：「蓋天地之所覆載，至大矣；日月之所臨照，至廣矣。然則萬物之內，民人寡而禽獸多。兩儀之間，中土局而庶俗曠。求之鄒說，詭怪之跡實繁。考之《山經》，奇譎之詞匪一。」魏晉南北朝是民族大融合時期，也是中外大交流時期，中土人的眼界開闊了，正所謂多見不怪，因此關注《山海經》的人更多了。

唐人所修《隋書·經籍志二》史部地理類有《山海經》二十三卷，又說：「漢初蕭何得秦圖書，故知天下要害。後又得《山海經》，相傳以為夏禹所記。」地理類有《地理書》一百四十九卷，注：「錄一卷。陸澄合《山海經》以來一百六十家以為此書。」又說：「齊時，陸澄聚一百六十家之說，依其前後遠近，編而為部，謂之《地理書》。」

三、唐至明：小說

唐代啖助《春秋集傳纂例》說：「古之解說悉是口傳，自漢以來，乃為章句。如《本草》皆後漢時郡國，而題以神農。《山海經》廣說殷時，而云夏禹所記。自餘書籍，比比甚多。」他說《山海經》未必是夏禹所寫，或是商代人所作。從唐代開始，懷疑《山海經》不是禹作的觀點開始流行。但是沒有認真研究《山海經》，反而把《山海經》貶斥為志怪小說。

杜佑《通典·州郡四》首先指出黃河不可能出自西域，又把這種錯誤的源頭加在《禹本紀》、《山海經》的頭上，開始批評說：

《禹本紀》、《山海經》不知何代之書，恢怪不經，疑夫子刪《詩》、《書》後尚奇者所作。或先有此書，如詭誕之言，必後人所加也，若《古周書》、《吳越春秋》、《越絕書》諸緯書之流是矣。而後代纂錄者，務廣異聞，如范曄敘蠻夷廩君、盤瓠之類是也。輒以愚管所窺，皆不足為據，然去聖久遠，雜說紛紜，非復宣尼復生，重為刪革，則何由詳正，縱有精鑒達識之士，抗辯古今之論，或未能振頹波、遏橫流矣。

杜佑把《山海經》看作頹波橫流，比班固更鄙視《山海經》。他說《山海經》或是春秋之後喜歡怪異的人所寫，雖然沒有正確評價《山海經》，但畢竟跳出《山海經》為禹作的教條。

段成式《酉陽雜俎》卷十六開頭說：「成式以天地間所化所產，突而旋成形者樊然矣，故《山海經》、《爾雅》所不能究。因拾前儒所著，有草木禽魚未列經史，已載事未悉者，或接諸耳目，簡編所無者，作《廣動植》。」他認為《山海經》記載生物最多，說明唐人讀書頗廣。段成式長期在嶺南，書中記載了很多海外事物，自然關注《山海經》。

李肇《唐國史補》卷上：「楚州有漁人，忽於淮中釣得古鐵鎖，挽之不絕，以告官，刺史李陽大集人引之。鎖窮，有青獼猴躍出水，覆沒而逝。後有驗《山海經》云：水獸好為害，禹鎖於軍山之下，其名曰無支奇。」其實《山海經》沒有這句話。《獨異志》卷上：「《山海經》有大耳國，其人寢，常以一耳為席，一耳為衾。」《山海經》也無此句。李綽《尚書故實》：「東方朔奏曰：此《山海經》所謂畢方鳥也。驗之果是。因敕廷臣皆習《山海經》。」劉向偽表未言廷敕，說從此《山海經》開始流行。以上三則，說明唐人多未細讀《山海經》，唐代沒有《山海經》研究著作。

劉昫《舊唐書·經籍志》、歐陽修《新唐書·藝文志》中《山海經》歸入地理類，是沿襲《隋書》。《舊唐書》是郭璞撰《山海經》十八卷，《新唐書》改為郭璞注《山海經》二十三卷。

南宋趙彥衛《雲麓漫鈔》卷七：「江海之有潮，辰刻不移，昔人嘗論之。《山海經》則以為海鰍出入穴之度。」其實不是出自《山海經》，可見宋人學問空疏，不讀原文。

南宋郭彖《睽車志》卷二：「熙寧間有人授泗州盱眙令，自陳乞改名雍觀。時王荊公當國，怪其名無義理，因問改名之故，對云：『夢中神告如此，固亦

自不曉其義。』後其人之官，一日自城還邑，從吏卒行，過浮橋，忽大風驟起，鼓其衣裾盡沒準水。已而從者拯救皆免，獨不得令。事聞朝廷，荊公曰：『向見此人無故改名，且疑雍觀二字或有出處。因閱山海經，方知其為水官之名，固慮其有水厄，今果然。』其後縣僚或夢雍觀騶從甚盛，往來淮岸，疑其死為水官也。」今本《山海經》有雍和，不是雍觀，也不是水神，很可能也是宋人本來錯誤，宋人讀《山海經》多誤。

南宋尤袤《山海經跋》：「《山海經》夏禹為之，非也。其間或援啟及有窮後裔之事，漢儒或謂伯翳為之，非也。然屈原《離騷》多摘取其山川，則言帝嚳葬於陰，帝堯葬於陽，且繼以文王皆葬其所。又言夏耕之尸也，則曰湯伐夏桀於章山，克之。其論相顧之尸也，則曰伯夷父生四嶽，先龍。按此三事，則不止及夏啟、后羿而已，是周初亦嘗及之。定為先秦書，信矣。」他說《山海經》是上古書，較為合理。

朱熹認為《山海經》、《淮南子》是為解答《天問》而作：「此問之言，特戰國時俚俗相傳之語，如今世俗僧伽降無之祈、許遜斬蛟蜃精之類，本無稽據，而好事者遂假託撰造以實之。明理之士皆可以一笑而揮之，正不必深與辯也。」朱熹等儒家孤陋寡聞，不研究自然，就污蔑《山海經》亂說。

晁公武《郡齋讀書志》和陳振孫《直齋書錄解題》無所發明，陳振孫認同朱熹之說。王應麟曰：「顏之推曰：《山海經》禹、益所記，而有長沙、零陵、桂陽、諸暨。《通典》以為詭怪不經，疑夫子刪《詩》、《書》後尚奇者所作。」鄭樵《通志·藝文略》把《山海經》和各種異物志歸入史部地理類方物小類，馬端臨《文獻通考》把《山海經》列為史部地理類首書，抄了晁公武、陳振孫解題。元人所修的《宋史·藝文志》把郭璞《山海經》十八卷歸入子部五行類，而史部地理類卻有郭璞《山海經》圖贊二卷，可見《宋史》確實很差。

明代王崇慶官至南京吏部、禮部尚書，所以他的《山海經釋義》是一部迂腐的理學說教，毫無發明，袁珂認為他間有獨到見解，舉例說明。〔註6〕我認為實在沒有價值，比如王崇慶將大物、小物解釋為殉葬之具，根本不通。尤其惡劣的是，王崇慶認為《山海經》沒有資格稱經，不能和儒家經典並列。

胡應麟在《少室山房筆叢·四部證偽》認為是戰國好奇之士根據《穆天

〔註6〕袁珂：《中國神話史》，上海文藝出版社，1988年，第389～390頁。

子傳》編出《山海經》，雜糅《竹書紀年》、《逸周書·王會》、《離騷》、《天問》、《莊子》等書的奇聞。《山海經》確實有很多內容和其他上古書籍相合，但是為何不是其他書抄錄《山海經》呢？從胡應麟的謬論可以看到宋代儒家智商的退化，缺乏最基本的邏輯。

四、晚明：科學研究的復蘇

張步天、陳連山沒有發現晚明人對《山海經》的諸多寶貴意見，晚明是中國歷史上的一個重要時代，西方傳教士把世界地理知識傳入中國，給中國人很大震撼。中國人看到利瑪竇的世界地圖，因此更相信鄒衍的大九州說，也開始推崇《山海經》，利瑪竇畫世界地圖上就加入很多《山海經》的地名。從郭璞到楊慎1200多年，沒有研究《山海經》的專著。因為理學家貶斥《山海經》，所以士人不關注此書。

楊慎，四川新都縣人。嘉靖三年（1524年）因大禮議惹惱老官朱厚熜，被貶謫到雲南永昌。在雲南寫就《山海經補注》，繼承王充、郭璞科學研究《山海經》的思路，畢沅說：「今按楊慎所注，多由蹈虛，而非徵實，其於地理，全無發明。」其實是清代人的思想受到玄燁、弘曆等暴君的鉗制，反而不如晚明開放。袁珂對此書評價很高，顧頡剛說楊慎以邊疆事物釋《山海經》。〔註7〕楊慎認為雲南姚安、蒙化有飛螞，即《北次三經》天池山飛鼠。解釋《海外南經》有神人二八司夜：「南中夷方或有之，夜行逢之，土人謂之夜遊神。」解釋《海內北經》犬封國女子跪進杯食：「雲南百夷之地，女多美，其俗不論貴賤，人有數妻，妻妾事夫如事君……進食，更衣，必跪，不敢仰視。」解釋《大荒東經》搖民：「今廣西有瑤民。」解釋姚姓三身國說：「今南中夷人有合國一姓者，其遺俗乎？」解釋《海內經》黑人啗蛇：「今南中有夷，名蛾昌，其人手持蛇啗之。其採樵婦，籠中捕蛇數十，蛇亦不能去，不知何術也，疑即此類。」蛾昌即今阿昌族，楊慎的解釋未必都正確，但是他遠離了北京的腐朽專制氛圍和愚蠢的理學家們，在雲南獲得了思想的新生。

明代日照人李蕃，為楊慎的補注又作箋釋，引用利瑪竇的《輿圖志》的鬼國來解釋《海內北經》的鬼國，〔註8〕可見明末人已經開始用西方人的世界

〔註7〕顧頡剛：《顧頡剛讀書筆記》卷八，北京：中華書局，2011年，第185頁。
〔註8〕〔明〕李蕃箋釋：《山海經箋釋》，《山東文獻集成》第二輯第26冊，第763～792頁。

地理著作來解釋《山海經》。利瑪竇《坤輿萬國全圖》上的鬼國文字是：「其人夜遊晝隱，身剝鹿皮為衣，耳目鼻與人同，而口在頂上，噉鹿及蛇。」李蓁可能不知道這段文字來自唐代杜佑《通典》卷二百：「鬼國在駮馬國西，六十日行。其國夜遊晝隱，身著渾剝鹿皮衣。眼鼻耳與中國人同，口在頂上。食用瓦器。土無米粟，啖鹿豕及蛇。」這是北極圈內的民族，夜遊晝隱源自極夜極晝期間活動的訛傳。雖然如此，仍然可見明末人對域外知識的關注。

晚明馮世雍《重刻山海經序》說禹治水在九州內，秦皇、漢武時，「好事諸臣急於柄用，乃撰為山海祥禎怪異之書，動人主宏肆之心，以陰遂朵頤之私。《山海經》者，秦漢之書，啟侈心者為之也。然其閎博可以資見聞，水道有裨於《水經》之原委。」〔註9〕馮世雍是嘉靖二年（1523年）進士，他對《山海經》的成書判斷雖然失誤，但是他注意到《山海經》中有一篇《水經》，還指出這篇《水經》有用。

明代黃省曾（1490～1546）的《刻水經序》說：「省曾又覽古《山海經》十八卷，亦宇中之通撰也。一則主於敘山，而水歸詳綴。一則專於紀水，而山頗寓列。蓋山者，水之根底，水者，山之委枝。故談伊洛者，必連熊外，語漆沮者，遂及荊岐，亦自然之偶屬而不可判離者也。故併合以傅庶好古之賢，無椊輯之煩勤爾。」〔註10〕他很注重關注域外典籍，他還寫有《西洋朝貢典錄》。他說《山海經》專於敘山，《水經》專於敘水。他也贊成把《山海經》、《水經注》合併出版，說明此時《山海經》地位上升。

張居正（1525～1582）的《遊衡嶽記》說：「《山海經》衡山在《中山之經》，而不列為嶽，豈禹初奠山川，望秩猶未逮，與舜典南巡狩，至於南嶽，今瀟湘、蒼梧，故多舜跡，殆治定功成乃修禋祀與？」〔註11〕張居正也把《山海經》當成大禹所寫，但是他讀書不細，不知《中山經》的衡山不是湖南衡山，秦漢時期的衡山也不是湖南的衡山，而是安徽的衡山（今天柱山）。

陸深《菽園雜記》卷二、卷三多次提到《山海經》，卷四：「蜀中氣暖少雪，一雪，則山上經年不消，山高故也。大理點蒼山，即出屏風石處，其山陰崖中積雪尤多，每歲五六月，土人入夜上山取雪，五更下山賣市中，人爭買

〔註9〕 湖北省人民政府文史研究館、湖北省博物館編：《湖北文徵》第一冊，湖北人民出版社，2000年，第530頁。
〔註10〕〔明〕黃省曾：《五嶽山人集》卷二十四，《四庫全書存目叢書》集部第94冊。
〔註11〕〔明〕張居正：《張太嶽先生文集》卷九，《續修四庫全書》第1349冊。

以為佳致。蓋盛暑齧雪，誠不俗也。」謝肇淛《五雜組》卷一從峨眉山的積雪，解釋《山海經》的很多山冬夏有雪。

王世貞（1526～1590）的《惠山續集序》說：「竊嘗謂古之時，其名山大川何限？然文不能勝質，不獲標而出之。自大禹之所略而為《貢》，又為象之鼎，而成周之《山海經》出焉。〔註12〕同書卷一五八說部《宛委餘編三》說：「然《山海經》、《本草》、《爾雅》恐亦非禹、神農、周公作。」卷一四六說部《藝苑卮言三》說：「諸文外，《山海經》、《穆天子傳》亦自古健有法。」他認為《山海經》並非出自禹鼎，而是東周人的編造。

明末熊明遇（1580～1650）說：「有客讀熊子之《履草》而笑曰，遊非聖賢之所務也，而子記之，謂何？曰，黃帝問道於襄城之野，堯見四子於姑射之山，今遊之祖也。禹得書於宛委山中，因周遊四瀆五嶽，使益疏記之，為《山海經》，記遊之祖也。此其牢牢大者。」〔註13〕可見明代人已經把《山海經》看成遊記之祖，並不始自近代人江紹原。晚明人喜歡旅遊，遊記很多。

明代戴澳《新安山水志序》說：「志山水與志郡邑異。志郡邑，則山水為郡邑中山水，故志郡首郡，志邑首邑，而山水特因郡邑以見。志山水，則郡邑乃山水中郡邑，故志山按山，志水按水，而郡邑特因山水以見。然古未有志山水者，求古所謂山水志，則《山海經》是已，後有因之者，為桑欽《水經》，而酈道元互發明之，他無著者。嘗觀《禹貢》，其中未始不及山水，然紀貢土，必首京師，故由冀而兗、而青、而徐，以次遍九州，今之志郡邑者，祖《禹貢》者也。至《山海經》則出於禹行水之後，而成於伯益諸人之手，因其山之宗支，海之內外，與夫疏淪隨刊之成勢以為經之甲乙。故《山經》不始於冀州，而始於南鵲山，次西北，次東、中，而後及於海內、荒外。彼直就《山海經》山海以明虞官之掌故耳，所由與《禹貢》殊局也。」〔註14〕他說山水志和郡縣志不同，他把《山海經》當成山水志之祖，其後只有《水經》和酈道元的注比較出名，沒有其他名著。他說《山海經》成書於禹，所以開頭是南方，而非北方。《山海經》和《禹貢》結構不同，明明可以證明《山海經》不是成書於禹。戴澳創立《山海經》出自虞官之說，注意到中國山水志的發展停滯，

〔註12〕〔明〕王世貞：《弇州四部稿》卷六十七文部，《影印文淵閣四庫全書》第1279冊。

〔註13〕〔明〕熊明遇：《文直行書詩文》文選卷六《履草小敘》，《四庫禁燬書叢刊》集部第106冊，第185頁。

〔註14〕〔明〕戴澳《杜曲集》卷七，《四庫禁燬書叢刊》集部第71冊。

有獨到眼光。

明末的董應舉（1557～1639）說：「山川志當法《禹貢》、《山海經》。《禹貢》山水、田賦、厥貢，附屬綴聚，九州犁然。觀某山，知某水，即知土性、土物，不煩別簡也。《山海》某山生某物，出其水，流入某地，有某物，如指掌然，不別尋也。今作志者，件件而類之，紛錯煩亂，固為不可，然使削之太盡，附之不屬，按之多漏，傳之失真，則是去穢而得訛，去煩而得略，其愈幾何？夫志有宜略者，至於山川奠民，勢不可略，靈異表古，法不可略，尺寸易形，隱復藏幻，筆亦不能略，來教寧詳毋略之見誠是也。」〔註15〕他也很推崇《禹貢》、《山海經》，並把二書並舉。其實二書體例不同，他也指出，《禹貢》是以九州為綱，《山海經》是以山為綱。

明胡維霖《周逸書、魏紀年、穆天子傳跋》說：「三書亡於秦漢，而出於晉之汲冢。《逸周》合乎《尚書》，《紀年》合乎《魯史》，《穆天子傳》合乎《山海經》，匪其事之合已也，其文其義其體其合者，如出一手。而粹者往往足破千古之疑，世或以浮誇見譏，不知《周書》迄太子晉紀年，迄於慎靚王，皆春秋之末、戰國之衰也。浮誇左氏，且不免史遷所採許多怪誕，以二書較之，左、馬較粹，《穆天子》雖非二書比，而其敘簡，而法其謠雅，而風其事侈，而核視《山海經》之語怪，霄壤也，三書亦古亦奇。」〔註16〕他說《山海經》和《穆天子傳》如出一手，但《穆天子傳》文字古樸，諷刺周穆王奢侈，所以和《山海經》不可比。他雖然發現二書有相合處，但是抬高《穆天子傳》，貶斥《山海經》。其實《穆天子傳》的原意不是規勸君王，其文風古樸也只是表面現象，因為《穆天子傳》是先秦古文寫就，而到西晉才出土，所以晉人隸定，費盡周折，還留下很多未解難題。《穆天子傳》沒有《山海經》豐富，其價值遠不及《山海經》。

清代以前，《山海經》研究三次重大進步都發生在邊疆地區，第一次有王充在會稽郡海濱測量日景，第二次是郭璞南遷江左，第三次是楊慎南遷雲南，因為邊疆地理環境和中原迥異，物種較多，思想開放，中原士人細心觀察南方異域風土，所以有很多重要發現。

〔註15〕〔明〕董應舉：《崇相集》卷十書二《答林楚石書》，《四庫禁燬書叢刊》集部第 102 冊。

〔註16〕〔明〕胡維霖：《胡維霖集》墨池浪語卷二，《四庫禁燬書叢刊》集部第 164 冊。

五、清代：文字考據學的輝煌

　　清代是中國古代考據學的頂峰，清代考據學極盛於乾嘉時期。在乾嘉考據興起之前，還有一些學者對《山海經》持懷疑態度。

　　胡渭（1633～1714）的《禹貢錐指‧例略》：「《山海經》十三篇，劉歆以為出於唐、虞之際。《列子》曰：『大禹行而見之，夷堅聞而志之。』王充《論衡》曰：『禹主治水，益主記異物，以所聞見，作《山海經》。』審而則是書與《禹貢》相為經緯矣。然其間有可疑者甚多。顏之推曰：『《山海經》禹、益所記，而有長沙、零陵、桂陽、諸暨，後人所羼，非本文也。』尤袤曰，此先秦之書，非禹及伯翳所作。二說允當。其所有怪物固不足道，即所記山川，方向、裏至雖存，卻不知在何郡縣。遠近虛實，無從測驗，何可據以說經。惟『澧、沅、瀟、湘在九江之間』一語，大有造於《禹貢》。余即有可採，與他地記無異。或後人取以附益，亦未可知。」胡渭看到吉光片羽，不能發現《山海經》的全部價值。作為經學家，胡渭首先看到的是《山海經》的解經用途，又說《山海經》和其他地記沒有區別，其實《山海經》和《禹貢》的關係不止九江一條，《山海經》的價值遠遠超出《禹貢》。《禹貢》不過是因為披上了儒書的外衣而雞犬昇天，譚其驤已經詳細論證《禹貢》不如《山海經》。今天如果還有人認為《禹貢》的價值比《山海經》高，就不可思議了。

　　疑古學者姚際恒（1647～1715）的《古今偽書考》列《山海經》在「本非偽書而後人妄託其人之名者」一類，大放厥詞：「《漢志》不著撰人名，劉歆《校定表》言禹定九州，而益等類物善惡，著此書，皆聖賢之遺事，古文明著者也，以為禹、伯益撰，至為可笑。經中言夏后啟、殷王、文王，且言長沙、零陵、雁門諸郡縣，歆不知欺誰乎！此蓋秦、漢間人所作，昔人已多論之矣。」其實《山海經》雖然不是禹作，但是不能說《山海經》是偽書，古人多託古作書。顏之推早已指出不能因為有一些附入的文字就判定《山海經》晚出，可見很多清代人的思維還不如顏之推。

　　四庫館臣之《四庫提要》論：「卷首有劉秀校，上奏稱為伯益所作。案《山海經》之名始見《史記大宛傳》，司馬遷但云『《禹本紀》、《山海經》所有怪物，余不敢言』，而未言為何人所作。列子稱『大禹行而見之，伯益知而名之，夷堅聞而志之』，似乎即指此書，而不言其名《山海經》……觀書中載夏后啟、周文王及秦漢長沙、象郡、諸暨、下巂諸地名，斷不作於三代以上，殆周、秦間人所述，而後來好異者又附益之歟？觀《楚辭天問》多與相符，使古無是

言，屈原何由杜撰？朱子《楚辭辯證》謂其反因《天問》而作，似乎不然。至於王應麟《王會補傳》引朱子之言，謂『《山海經》記諸異物飛走之類，多云：東向，或云：東首，疑本依圖畫而述之。古有此學，如《九歌》、《天問》皆其類』云云，則得其實矣。郭璞注是書，見於《晉書》本傳，隋、唐二志皆云二十三卷，今本乃少五卷，疑後人並其卷秩，以就劉秀奏中一十八篇之數，非關佚也。隋、唐志又有郭璞《山海經圖贊》二卷，今其贊猶載郭璞集中，其圖則宋志已不著錄，知久佚矣。舊本所載劉秀奏中稱其書凡十八篇，與《漢志》稱十三篇者不合，七略即劉秀所定，不應自相牴牾，疑其贗託。然璞序已引其文，相傳既久，今仍並錄焉。書中序述山水多參以神怪，故《道藏》收入太玄部竟字號中。究其本旨，實非黃老之言。然道里山川率難考據，案以耳目所及，百不一真，諸家並以為地理之冠，亦為未允。核實定名，實則小說之最古者爾。」朝臣受理學毒害太深，無知疏妄，貶《山海經》為小說。

但是疑古派不是清代學術的主流，劉開（1784～1824）就曾經駁斥儒家對《山海經》的妄議，他的《書山海經後》說：

以古書為盡可信乎？《山海經》之言怪物，太史公存而不敢論矣。以古書為不可信乎？東方朔之識異鳥，劉子政之辨槴人，皆取徵於《山經》。其所載固非妄也，然則何以折衷？

曰：「吾聞諸陸子愉云：《山海經》者，禹鼎之圖說也。禹鑄九鼎，象百物，使民知神奸，凡天下山川、草木、禽獸、鬼神之殊狀，莫不備列，故九鼎者，所以圖其形也。《山海經》者所以載其說也，形著於鼎矣，而不能詳，其故必假說以明之。故《山海經》之稱引繁焉。自禹鼎亡而是經獨存，儒者見其多言怪物，遂疑非古聖之書，不知昔之為此書者，專以備紀怪異，使天下洞知百物之形狀而不惑，蓋與鼎圖相為經緯者也。世儒既不睹鼎之遺像，則是書之蒙譏於千古也宜哉！」〔註17〕

但劉開作為一個桐城文人，不會考據。他儘管認為《山海經》可信，仍持《山海經》出自禹鼎的陳見，而不能發明《山海經》的本真。

傅山（1607～1684）的《書山海經後》：「《山海經》不但物類奇瑰，即文字之古峻，皆後世文人不能擬肖。或曰荒唐之言也，余曰：平實之理，無足

〔註17〕〔清〕劉開：《劉孟塗集》文集卷一，《續修四庫全書》第 1510 冊。

誠，少所見，多所怪。見蠢馳，言馬腫背，如此輩人，舉世皆是也。故《山海經》之義息矣！以《山海經》為不可信者，《爾雅》亦不可信也，歷代史載方國出產以為真邪、妄邪？故通儒奇士而後可讀《山海經》。讀《山海經》已難其人矣！而況讀《莊子》者乎？以實為誕矣，能以誕為實乎？」〔註18〕他認為很多人少見多怪，見聞不多，自然不知《山海經》的真相。所以要有通才博學之士才能讀《山海經》，釋讀《山海經》是很困難的工作。

也有學者用考據之學來疑古，但是水平太差。清初的江闓就說他讀《山海經》有四疑，他說《南山經》羽山就是《禹貢》羽山，在江蘇贛榆縣，不應和《南山經》諸山在一起，又說衡山是南嶽，不應在《南山經》。因為有這些懷疑，所以他肯定司馬遷的斷言，說《山海經》不可信。〔註19〕其實羽山、衡山都是通名，所以這些懷疑不足為據。古代學者有一通病，就是不知有異地同名現象，他們似乎認為世界上每一個地名都是特有的。因為儒家反對探險，所以很多明清讀書人兩耳不聞窗外事，見識淺薄。

乾嘉學者研究《山海經》的專著主要有吳任臣《山海經廣注》、汪紱《山海經存》、畢沅《山海經新校正》、郝懿行《山海經箋疏》，另外王念孫校注《山海經》的未成手稿保存在北京圖書館。〔註20〕張步天之書指出清代校勘《山海經》的還有何焯、臧庸、王引之、孫星衍、黃丕烈、周叔弢、鄒恩多、蔣如讓等人，《山海經》歷史上從未受到如此重視。

畢沅批評吳任臣的《山海經廣注》：「濫引《路史》、六朝唐宋人詩文、《三才圖會》、《駢雅》、《字彙》等書，以證經文。《路史》錯謬，既不足取。詞章所稱，又豈經證？至於《三才圖會》、《駢雅》等書，近世才人託俗本經文撰述成，字跡偽謬，百無一得。」吳書早出，質量最差。

汪紱（1692～1759）出身徽州府婺源縣的畫工，《中次六經》：「嶽在其中，以六月祭之，如諸嶽之祠法，則天下安寧。」汪紱注：「此條無中嶽，而曰嶽在其中，蓋以洛陽居天下之中，王者於此時望祭四嶽，以其非嶽而祭四嶽，故曰嶽在其中，此殆東周時之書矣。」袁珂對此稱讚，但既然諸嶽祭祀同時存在，就與望祭矛盾，所以這種解釋也有問題。汪紱解釋《大荒北經》為沙漠，解釋《海內經》朱卷為朱提，全是誤解，張步天也讚譽。陳連山對汪紱的

〔註18〕〔清〕傅山：《霜紅龕集》卷十七書後，《續修四庫全書》第1395冊。
〔註19〕〔清〕江闓：《江辰六文集》，《四庫禁燬書叢刊》集部第130冊，第180頁。
〔註20〕袁珂：《中國神話史》，第390～393頁。

地理考證評價過高，汪紱認為《中次八經》衡山是天柱山，張步天、陳連山贊同，其實錯誤。但汪紱有時也有獨到見解，比如《西山經》說騩山錞于西海，郭璞解釋為屏障，汪紱解釋為蹲，〔註 21〕陳連山認為汪說不確，因為古音不通。其實上古音錞為定母微部 duəi，蹲為從母文部 dzuən，可通。陳氏不明古音，妄批古人。

畢沅（1730～1798）的《山海經新校正》的主要工作是地理考證、名物訓詁，他在自序中說：「沅不敏，役於官事，校注此書，凡閱五載，自經、傳、子、史、百家、傳注、類書，所引無不徵也，其有闕略，則古者不著，非力所及矣。」畢著是清代學者研究《山海經》地理的最高水平，直到譚其驤再考《山經》地理時，所用典籍不出畢沅範圍。畢沅的問題是忽視整體，光看表面，比如他用濮陽的顓頊之墟來解釋東北的顓頊之葬，方位不合。〔註 22〕這也是古代學者的通病，他們的注疏是簡單比附，不知系統。

郝懿行（1757～1825）的《山海經箋疏》是集大成之作，阮元的序說：「吳氏《廣注》徵引雖博而失之蕪雜，畢氏校本於山川考核甚精，而訂正文字尚多疏略。今郝氏究心是書，精而不鑿，博而不濫，粲然成著，斐然成章。」郝懿行關心校勘，他的主要成就在文獻學。〔註 23〕

章學誠（1738～1801）的《文史通義‧經解中》說：「地界言經，取經紀之意也。是以地理之書，多以經名。《漢志》有《山海經》，《隋志》乃有《水經》。後代州郡地理，多稱圖經，義皆本於經界。」此說不確，《山海經》、《水經》的經就是四書五經的經，古人為了使儒家的書特殊化，不承認別的經是經。正如《春秋》原來不是魯國獨有，經也不是儒家壟斷。無論是《山海經》、《水經》，還是地志圖經，都是經典的意思。

俞正燮（1775～1840）的《癸巳類稿》、《癸巳存稿》涉及《山海經》神話，但發明太少，袁珂評價過高。〔註 24〕

陳逢衡（1778～1855）的《山海經匯說》有四卷九十條，重視考據，多有創見。〔註 25〕他用天文觀測儀器來解釋扶桑十日，用服飾來解釋西王母豹

〔註 21〕〔清〕汪紱：《山海經存》，杭州古籍書店，1984 年。
〔註 22〕〔晉〕郭璞注、〔清〕畢沅校：《山海經》，上海古籍出版社，1989 年，第 87 頁。
〔註 23〕〔清〕郝懿行：《山海經箋疏》，巴蜀書社，1985 年。
〔註 24〕袁珂：《中國神話史》，第 394 頁。
〔註 25〕趙宗福：《被埋沒的〈山海經〉研究重要成果——清代陳逢衡〈山海經匯說〉述評》，《民俗研究》2001 年第 1 期。

尾，都是比較科學的思路。

俞樾（1821～1907）的《春在堂全書・俞樓雜纂》卷二三有《讀山海經》36 條，重視文字校正和文獻梳理。

廖平在 1920 年《地學雜誌》第 11 卷第 4 期發表《山海經為詩經舊傳考》，收入《六譯館叢書》第 41 冊。廖平是今文經學家，認為《山海經》不是獨立的書，而是為《詩經》作傳。說：「因《楚辭》專引《山經》，而《山經》亦因之大顯。」不過是因襲朱熹、胡應麟錯誤思路，反映內陸學術的落伍。雖然是 1920 年發表，仍然是古代學術。

第二節　近現代研究史

一、清末民初的研究

清末吳承志的《山海經地理今釋》是第一部《山海經》地理專著，收入劉承幹的《求恕齋叢書》。劉氏之序說：「蓋此經讀家至稀，楊慎氏注蹈虛而不徵實，吳任臣氏《廣注》泛引群籍，尤踳駁不純，畢、郝二家出而篇第釐正，事物昭晰，讀者不敢目為閎誕迂誇奇怪俶儻之言也。後百年，而錢塘祈甫吳先生乃顓精以治此經，尋山脈川，用今地準古。」其實吳承志錯在以今度古，不懂考據，全篇臆測，隨意改動原文，不值得參考。袁珂批評吳承志相信《山海經》可考，這是因為袁珂誤以為《山海經》都是神話。《山經》原文 21487 字，《海經》原文 9212 字，研究顯然應以《山經》為主，但是袁珂的《山海經校注》，《山經》有 180 頁，《海經》有 295 頁，可見袁珂根本不關心《山經》的地理，卻在《海經》的傳說上花了太多精力。

馮桂芬（1809～1874）作有《山海經表目》二卷，把全經分為山水、神人、金玉、草、木、禽鳥、獸畜、蟲魚八目，〔註 26〕雖有漏載、錯列，但標誌著《山海經》研究的科學化傾向。〔註 27〕

清代湖州人汪曰楨在光緒三年（1877 年）所作的《湖雅》稱：「時適多蚊，因仿《山海經》說之云：蟲身而長喙，鳥翼而豹腳……設依此為圖，必身如大蛹，有長喙，背上有二鳥翼，腹下有四豹腳，成一非蟲非禽非獸之形，誰復知為蚊者。」汪曰楨的觀點非常寶貴，他認為《山海經》的動物都很可信，不過

〔註 26〕馮桂芬：《山海經表目》，《歷代山海經文獻集成》，西安地圖出版社，2006 年。
〔註 27〕袁珂：《中國神話史》，第 402～404 頁。

是描述方法的問題。《山海經》原來是圖畫，轉寫成文字，用其他動物來比擬某種動物的各個器官，自然有如此的描述。可惜現在還有很多人沒有汪曰楨的高見，還認為《山海經》的動物不可信，太缺乏變通思維。

1905 年的《國粹學報》有劉光漢（即劉師培，1884～1919）的《山海經不可疑》一文，用西方科學知識解釋《山海經》。《山海經》有很多半人半獸怪物，劉師培認為「即西人動物演為人類之說」，雖然這種比附現在看來很好笑，但當時還有意義。〔註 28〕

1923 年《地學雜誌》第 14 卷第 4 期，刊登署名鹽城蕭鳴籟在 1917 年所作的《山海經廣雅——人種釋名》，這是近代較早用人類學研究《山海經》的文章，比如用南洋民族的羽毛衣服解釋羽民國。但還有很多問題，比如以唐代沈佺期《旅安南詩》詩句「我來交趾郡，南與貫胸連」為證，說貫胸在南洋群島，其實這是唐人用典而已。他解釋深目國時引《文獻通考》大宛人皆深目，推斷深目國在蔥嶺之西，太過簡單，北方很多民族都是深目高鼻。解釋君子國時以《後漢書·東夷傳》所引《外國圖》為證，說君子國去琅邪三萬里，說君子國是本州島的倭種，其實《後漢書·東夷傳》原文說好讓不爭的是韓國。他的方法接近楊慎，雖然有錯，但是他的思路非常好，值得我們肯定。

日本學者小川琢治認為《山經》是商代山嶽記事，《海經》是根據周代的荒唐地圖寫成。〔註 29〕荷蘭漢學家希勒格（Gustave Schlegel）的《中國史乘中未詳諸國考證》中也有一半以上篇目涉及《山海經》，注重利用人類學解釋，很多解釋確實非常合理。〔註 30〕

法國漢學家馬伯樂（H. Maspero）在《中國藝術（漢代以前中國所受西方影響）》一書中提到《山海經》地理情況受到公元前五世紀外來的印度和伊朗文化潮流刺激形成。他的觀點非常重要，可惜未作詳細論證。本書認真考證，竟然也得出了完全一致的觀點，我認為《山海經》原圖的作者是西域的塞人，

〔註 28〕劉光漢：《山海經不可疑》，《國粹學報》1905 年叢談編，廣陵書社，2006 年，第 1283～1284 頁。《中國歷史地理學論著索引（1900～1980）》誤認為該文刊登於《國粹學報》第十期，其實原文所署「第十期」是指該文連載的第十期。

〔註 29〕〔日〕小川琢治：《山海經考》，江俠庵譯《先秦經籍考》下冊，商務印書館，1933 年，第 9 頁。

〔註 30〕〔荷〕希勒格：《中國史乘中未詳諸國考證》，馮承鈞譯：《西域南海史地考證譯叢》第三卷，北京：商務印書館，1999 年，第 251～432 頁。

他的家鄉很可能在和田，所以書中記載了很多印歐人的神話，還詳細記載了印度和中亞的很多地方。

衛聚賢提出《山海經》的作者是印度人，或是受到印度、希臘文化影響產生。因為書中有很多大樹和征服蛇的神話，崑崙山的記載近似印度的須彌山，很多怪物來自西方文化。作者可能是墨子的弟子隨巢子，墨子是印度人，墨家崇拜大禹，崇拜鬼神。〔註31〕現有的隨巢子資料太少，輯佚的《隨巢子》太簡略，不能證明隨巢子是印度人。衛聚賢是山西人，不知古代北方也有很多大樹，不知世界各地的上古文化都有巫師操蛇的藝術形象。

但是衛聚賢提出的觀點非常重要，很多人對衛聚賢的觀點嗤之以鼻，比如商承祚嘲諷衛聚賢：「聚賢治學同作文章，都不求甚解，寫了就罷，說完就算，信不信由你，對不對在他。」〔註32〕這種嘲諷不能成立，商承祚未認真研究過《山海經》，不知世界，視野狹隘。商承祚認為衛聚賢在成都白馬寺發現的青銅器都是贋品，不承認巴蜀文化。現在看來衛聚賢的眼光超前，發現重要，而商承祚錯了。衛聚賢也是吳越考古先驅，創辦吳越史地研究會，在各縣設立分會，展覽出土文物，促成施昕更發現良渚遺址。他還獨資創辦《說文月刊》，主持多地重要考古發掘，有《中國考古學史》等很多重要著作。〔註33〕衛聚賢的思想不受儒家陳腐的華夷之防束縛，主張南方在上古也有發達的文化，世界文化很早就有密切交流，現在看來都是非常正確的觀點。事實早已證明商承祚等人錯了，所以我們今天更不能再嘲笑衛聚賢。我們不能再坐井觀天，要打破封閉思想的束縛，本書充分論證《山海經》的原圖作者是西域胡人。

近代還有研究《山海經》的歷史地理學派、文學史學派、民俗學派，在《禹貢半月刊》、《中國文學季刊》、《民俗週刊》發表很多文章。

二、文學史家的研究

1929 年中國公學大學部中文系《中國文學季刊》創刊號刊登陸侃如的《山海經考證》、胡欽甫的《從山海經的神話中所得到的古史觀》，朱兆新的《山海經中的水名表》。

〔註31〕衛聚賢：《山海經的研究》，《古史研究》第二集，商務印書館，1934 年。
〔註32〕商承祚：《成都白馬寺出土銅器辯》，《說文月刊》第 3 卷第 7 期，1942 年。
〔註33〕劉斌、張婷：《把名字寫在水上：衛聚賢》，《大眾考古》2015 年第 5 期。楊永康：《衛聚賢與良渚文化的發現》，《晉陽學刊》2017 年第 2 期。

陸侃如的論證是：

1.《山經》出自戰國楚地，《山經》如是大禹所作，末尾就不應再有禹曰一段。書中說到鐵的地方太多，春秋時才開始大規模用鐵。書中好幾次提到郡縣，至少在春秋以後。他的這個觀點合理，袁珂沿用。

2.《海內外經》出自《淮南子》以後、劉歆之前，因為《海外經》、《海內經》八篇後有西漢劉秀校書之語，《海外經》和《淮南子·地形》海外三十六國太相似，漢代地名很多，又提到文王、夏后啟、倭屬燕、大楚。這個觀點有誤，《山海經》不可能比《淮南子》晚。

3.《大荒經》及最末一篇《海內經》在東漢魏晉，因為《山海經新校正》引藏本目錄說：「此《海內經》及《大荒經》本皆進在外。」《漢書·藝文志》的《山海經》只有十三篇。《大荒經》、《海內經》五篇末尾沒有劉秀校書之語，又有長沙零陵界中。其實顏之推早就說過，不能因為有漢代人添入的話，就說《山海經》在漢代成書。難道西漢的地名一定是西漢才出現的嗎？

鄭德坤在 1932 年有文批評陸侃如說，《山經》的西王母比較古樸，所以應該在戰國之前，而《中山經》以洛陽附近最詳，作者是東周的洛陽人。《淮南子》把西王母仙化，這是戰國末年的燕齊方士所為，所以《海內外經》最遲在春秋、戰國之交，《大荒經》五篇在戰國中晚期。〔註 34〕他關注燕齊方士合理，但有的批評也不能成立，證據薄弱，洛陽人口和地名密集，也可能因此導致洛陽附近詳細。《大荒經》比《海內外經》蕪雜，但是不一定成書較晚。

文學史家顧實在 1928 年出版的《〈漢書·藝文志〉講疏》說：「惟《五藏山經》後有禹曰天下名山云云，亦見《管子》地數篇，確為禹、益作。《海經》以下等經，則非禹、益書，多為圖說之辭，其圖蓋即禹鼎。《海外》《海內》二經有周時說《山海圖》之文，以其有湯、文葬所也。又有漢所傳圖，以其有諸暨、彭澤、朝陽、淮浦等漢縣也。《大荒經》以下五篇則更為釋《海內》、《海外》二經之文，本不在《漢志》十三篇，又無劉歆校進款識。其文體亦為圖說，當為漢時所傳之圖，出劉歆等所述也。後人往往據圖說雜出周、漢地名，以疑此經。顏之推所謂《山海經》禹、益所記，而有長沙、零陵、桂陽、諸

〔註 34〕鄭德坤：《〈山海經〉及其神話》，《史學年報》1932 年第 4 期，收入鄭德坤的《中國歷史地理論文集》，香港中文大學出版社，1981 年。收入鄭德坤：《鄭德坤古史論集選》，北京：商務印書館，2007 年。

暨，此由未嘗分別觀之也。」〔註35〕顧實說劉歆造出《大荒經》五篇，顯然不確，這五篇是郭璞補入，如果是劉歆造出，為何不補入？

魯迅在 1936 年出版的《中國小說史略》第二篇《神話與傳說》中說《山海經》「所載祠神之物多用糈，與巫術合，蓋古之巫書也。」〔註36〕

三、民俗學者的研究

1930 年《民俗週刊》第 92 期刊出鍾敬文的《山海經神話研究的討論及其他》說《山海經神話研究》一書已決意於寒假寫成。落款是 11 月 25 號。此後他的《山海經中的醫藥學》、《山海經是一部什麼書——山海經研究的第三章》發表，〔註37〕但鍾的書稿未出版。

1933 年《民俗週刊》第 116～118 期合刊為《山海經研究專號》，內有朱希祖的《山海經內大荒海內二經古代帝王世系傳說》，容肇祖的《山海經研究的進展》、《山海經中所說的神》，楊寬的《禹治水傳說之推測》，韓一鷹的《山海經中動植物表》，葉德均的《山海經中蛇的傳說》。

朱希祖的文章認為《山海經》中古代帝王與《史記·五帝本紀》及三代世表全異，不可比附，《山海經》記載四裔種族往往出自古帝王，而孟子言舜為東夷之人，文王為西夷之人，其說必有由來。

容肇祖的第二篇文章把《山海經》裏的神后分為人面、人身、龍首、鳥首、彘身五類，認為由宗教迷信心理構成，疑與圖騰社會有關，還指出最大的祭禮是羭山，《山海經》所記為研究古祭禮最重要材料。

楊寬之文討論禹治水傳說演變，當時他是疑古派，所以他否定可以找到《山海經》的故事原型。他根據禹殺相柳的故事，認為洪水傳說源自西北。

何觀洲認為《山海經》的怪物都是杜撰，《山經》作者是鄒衍一派學者，《海經》是漢代人偽造。〔註38〕如果何觀洲有清代人汪曰楨的靈活思維，不可能有如此機械的批判。

鄭德坤在《史學年報》發表《「山海經在科學上之批判及作者之時代考」

〔註35〕顧實：《漢書藝文志講疏》，上海古籍出版社，1987 年，第 234 頁。
〔註36〕魯迅：《中國小說史略》，上海文化出版社，2005 年。
〔註37〕二文發表於《民眾教育季刊》第二卷第一號（1931 年 11 月），《浙江大學文理學生自治會會刊》（1930 年），又見《我與浙江民間文化》，《鍾敬文文集》，安徽教育出版社，2002 年。
〔註38〕何觀洲：《山海經在科學上之批判及作者之時代考》，《燕京學報》第 7 期，1930 年。

書後》認為《山海經》不出自鄒衍，原因有四：

1.《史記》記載鄒衍事蹟有誤，胡適《中國哲學史大綱》說梁惠王死於公元前 319 年，平原君死於公元前 251 年，梁惠王死時，平原君還沒生，所以鄒衍不會既見梁惠王，又見平原君，所以《史記》記載鄒衍事蹟也未必可信。

2. 鄒衍的方法是演繹法，不是類推法，《山海經》五行還缺一個土。《史記》沒說鄒衍寫出《山海經》，所以鄒衍沒說自己寫出《山海經》。《史記》說鄒衍的目的是仁義，可是《山海經》沒提。

3.《山海經》沒有游說君主的口吻。

4.《山海經》不成於一時一地是學界公認。

我認為鄭氏證據前後矛盾，既然《史記》未必可信，則《史記》沒提鄒衍寫有《山海經》，不能證明鄒衍沒寫《山海經》。五行之說在《山海經》中的表現未必和其他書一致，所以僅憑缺土不能否定《山海經》和五行的關係。而《山海經》確實提及仁義，說明鄭氏讀書不精。《山海經》沒有游說君主的口吻，不能證明和鄒衍無關，也可能是鄒衍門人所作。

四、禹貢學派的研究

1934 年 2 月，顧頡剛創辦禹貢學會，《禹貢半月刊》發刊詞說：「就是社會和政治方面，我們需要專家的解答正同樣的迫切。例如《禹貢》的五服、《王制》的封國、《山海經》的原始宗教、《職方》的男女比例，都不是我們自己所能研究出最終的結論來的。」創刊號有文章 11 篇，《禹貢》4 篇、《職方》3 篇、《山海經》2 篇、《漢書·地理志》2 篇。在《禹貢》雜誌上刊登的《山海經》研究文章共 9 篇，數量不多。

第一卷第三期王以中（王庸）的《山海圖和職貢圖》提出《山海經》最初形式是《山海圖經》，圖失傳了，只有文字部分流傳下來，即《山海經》。

第五期張公量的《穆傳山經合證》以《穆天子傳》的 27 個地名為目，尋找它們在《山海經》中的對應內容。

第八期賀次君《山海經圖與職貢圖的討論》贊成王庸的看法，引唐蘭相似觀點，還附有《海經》諸國表，分國名、形狀、種類、食四欄。

第七卷第六、七合期侯仁之的《〈海外四經〉〈海內四經〉與〈大荒四經〉〈海內經〉之比較》，把《海外經》、《海內經》和《大荒經》、《海內經》相應

文字，分上下欄對抄，得出結論：《海外經》、《海內經》和《大荒經》、《海內經》內容大部分相似，《大荒經》、《海內經》較《海外經》、《海內經》增加甚多。《海內經》相當於《海內東經》的記載缺失，《大荒經》、《海內經》晚出，因為故事總是越來越離奇、譜系總是越往後越為人所追求。結論是為了演繹顧頡剛的層累說，其實是顧頡剛抄襲內藤湖南的加上理論。這個演繹觀點不確，因為《大荒經》、《海內經》五篇更加原始，其實更早。

1934 年 1 月，顧頡剛在燕京大學講授《尚書》的講義有《五藏山經》一篇，錯誤很多，《禹貢》雍州說：「弱水既西。」《西次四經》說勞山出弱水，西流注入洛水，這個弱水不是西域弱水，而是陝西北洛河支流，但是顧頡剛混淆為一。《禹貢》雍州、梁州都有黑水，最末又有導黑水，《西次三經》說崑崙山出黑水，《南次三經》說雞山出黑水，崑崙山之西的黑水是阿姆河，《南次三經》的黑水是賀江上游，顧頡剛誤以為這兩條黑水合成《禹貢》的黑水。

他認為《山經》作者的地理知識偏重於西部，作者在河、漢之間，又說作者在周、秦之間，而《禹貢》兼顧東西。我認為這是顧頡剛沒有詳細考證《山經》諸山，結論必然有誤。他說《東山經》竹山在江邊，說明《山經》作者不知東方地理，其實這個江不是長江。《東山經》、《南山經》很多山水，顧頡剛沒有考證，就說《山經》的吳、越、齊、魯是敷衍成篇。他說濟水、淮水都沒寫到，其實都寫到了。

他認為《禹貢》在《山經》之後，也不正確。《禹貢》的正文成書時間較早，但是導山導水章是晚出的附錄，確實比《山海經》晚。顧頡剛又說《山經》崑崙山出黑水、赤水，而《禹貢》只說最西是黑水，不提赤水，是把赤水當成神話。這也是誤解，赤水出崑崙山東南，黑水在崑崙山之西，所以黑水在赤水之西，黑水才是西極，所以《禹貢》說最西是黑水，沒有任何問題。

顧頡剛又說《禹貢》荊州的衡山是今湖南的衡山，而此山不見於《山經》，是《山經》時代還不知此衡山，楚國南拓，《禹貢》才有衡山。〔註39〕顧頡剛又大錯特錯了，《禹貢》衡山不是今湖南衡山，而是安徽的衡山。即秦朝衡山郡的衡山，漢代的南嶽衡山也在大別山，隋代才南移到今湖南衡山。

〔註39〕顧頡剛：《五藏山經試探》，《史學論叢》第一冊，1934 年。收入《顧頡剛古史論文集》卷八，北京：中華書局，2011 年，第 258～276 頁。

顧頡剛最大的問題是沒有詳細考證《山經》諸山地理，他本來就沒有深厚的考據學功底。顧頡剛是在胡適的指導下，抄襲了日本人的疑古論。重視思辨，忽視考證，這是古史辨學派的最大問題。終其一生都沒有詳細研究《山海經》全書地名，晚年仍然把《山海經》當成小說。

1940 年，顧頡剛在成都，認為《西次四經》鳥鼠同穴山西南三百六十里即崦嵫山，即日沒之地，所以《山經》作者想像的西極不遠，在岷縣、臨潭間，即秦長城所起處。又認為《山海經》方向多誤，《中次九經》岷山出江水，但岷江是東南入江。他說鄒衍思想由《山海經》而來，《山海經》崑崙在西方，《爾雅》說崑崙在天下之中，鄒衍說中國在東南，即由崑崙居中觀念而來，說明《山海經》在前。〔註 40〕其實《西次三經》寫到阿富汗境內，岷江東南流，但川江東北流，《山海經》說的是長江大勢。鄒衍是山東人，他的思想源自齊、燕人的海上探險，怎麼可能全部來自《山海經》？

鄭德坤在 1981 年《中國歷史地理論文集》自序稱，1930 年代在燕京大學寫成《山海經研究》130 萬字，經顧頡剛介紹給上海的神州國光社出版，1932 年書稿被日軍炮彈炸毀。他在 1932 年發表的《山海經及其神話》認為《山經》作者是洛陽人，他在 1932 年發表《層化的河水流域地名及其解釋》，地名層化就是地名遷徙，他看到畢沅和吳承志考證同樣的地名，畢沅認為有的在內地，吳承志認為有的在西域，就說漢族來自西域，遷來西域的地名。〔註 41〕可見他的著作雖有 130 萬字，全不可信。畢沅和吳承志的考證各有對錯，吳承志誤認為《西次二經》在西域，畢沅誤認為《西次三經》在內地，鄭德坤自己偷懶不考證，竟得出地名遷徙的謬論，不合邏輯。

近代人研究《山海經》的侷限是顧頡剛為首的禹貢學派，推崇《禹貢》而貶低《山海經》，停留在《山海經》的版本、比較及理論研究，缺乏具體地名考證。文學史家研究缺乏用多學科結合方法，民俗學家的很多認識還很幼稚，很多觀點不能成立。

顧頡剛的《崑崙傳說與羌戎文化》認為《山海經》是巫術性的地理書，不要在其中找科學性的地理知識，〔註 42〕這就決定顧頡剛不可能考證出崑崙山真相。1956 年，顧頡剛接謝循通之信，謝說《南山經》包括華南和中印半

〔註 40〕顧頡剛：《顧頡剛讀書筆記》卷四，第 221 頁。
〔註 41〕鄭德坤：《中國歷史地理論文集》，臺北：聯經書局，1981 年。
〔註 42〕顧頡剛：《崑崙傳說與羌戎文化》，《顧頡剛古史論文集》卷六。

島，以青丘之山（雷州半島）為界，欽州灣稱西海，廣州灣稱為東海。欽州灣又名憲翼之澤，廣州灣又名即翼之澤。印度半島為蒼梧丘或崑崙丘，小亞細亞半島為昆吾丘，巴爾幹半島為陶唐丘。顧評：「《山海經》一書不作於一人，不成於一時。固然作者對於中國地理和世界地理的知識，有系統化的要求，但在當時，國族分立，交通困難的限制之下，不可能有十分確實的地理知識。就清代學者的研究來說，大約《西山經》和《中山經》比較可信的成分多，其他則模糊一片。例如東胡、貊國置於《海內西經》，大夏、月氏置於《海內東經》，而《海內經》中朝鮮與天毒（印度）同列於北海之隅，足證作者對於各地的方向尚未明晰，只是就聽來的幾個地名加上若干想像拼湊成書。至於動植諸名，奇形怪狀，亦只是將舊有知識另為聯繫，想像之成分遠過於現實之成分。」他說謝文都是臆測，姚大榮考西王母、顧實釋《穆天子傳》西征，都是癡人說夢。〔註43〕又說報載孫敬之在蘇聯地理學會第二屆代表大會報告《中國地理學發展概述》，認為《山海經》是中國最早的地理專著之一，實為正確。顧頡剛認為《山海經》是人類現存第一部完整系統關於世界地理的科學著作，但是不科學的地方很多，〔註44〕想像成分遠過於現實成分。

我認為顧頡剛有誤，《海內西經》說東胡在大澤東，大澤在雁門北，東胡位置未錯。《海內西經》說貊國近燕，也未錯。至於在《海內西經》，是後人傳抄失誤，《海內經》四篇多有錯簡，大夏、月氏錯在《海內東經》也是同樣原因。《海內經》說朝鮮、天毒在東北，其實不是天竺、身毒，而是沃沮之誤。

顧頡剛認為《海外南經》黑色的不死民就是《異物志》記載的黑皮膚的甕人，即非洲黑人，其實應是東南亞的矮黑人。《淮南子》晚出，很多條目根據《山海經》敷衍成文，而顧頡剛居然相信《淮南子》，說《山海經》不周山在崑崙山之東是誤，應在崑崙山西，其實原文不誤，由於顧頡剛只從文本比較出發，不用自然地理知識，所以不得要領。他說《北次三經》河道多可徵實，可以改正《河渠書》的錯誤，是先秦的絕好材。這說明譚其驤最自以為得意的《山經河水下游及其支流考》一文的創意，其實顧頡剛早有。顧頡剛和譚其驤曾經同在青島編書，不知譚其驤的這個發現是不是來自顧頡剛。顧說倭屬燕，是燕國水師征服日本。其實《山海經》的倭不在今天的日本，而

〔註43〕顧頡剛：《顧頡剛日記》卷七，北京：中華書局，第 225 頁。
〔註44〕顧頡剛：《顧頡剛日記》卷七，第 226 頁。

在朝鮮。

1957 年夏，侯仁之想主編《中國古代地理名著選讀》，約請顧頡剛和譚其驤、任美鍔、黃盛璋。〔註 45〕顧頡剛在青島常看《山海經》，〔註 46〕1959 年此書出版，顧頡剛在選釋《禹貢》時談到《山海經》，說《禹貢》和《山經》作者都是秦人，《山海經》先於《禹貢》，《禹貢》作者敢於突破《山海經》神秘觀念，從現實出發，但是西北地方是高山峻嶺，交通不便，於是《禹貢》從《山海經》裏尋找材料，把《山海經》裏崑崙山之西的黑水當成西極。又說中國古代地理學發展史上，《山海經》開幻想派，衍化為《穆天子傳》、《淮南子·地形》、《神異經》、《十洲記》、《博物志》等書，而極於《西遊記》、《三寶太監下西洋》、《鏡花緣》等，被人們當成談笑資料。而《禹貢》開徵實派，被人們尊重。〔註 47〕

我認為顧頡剛大謬，他把《禹貢》、《山海經》對立，抬高《禹貢》，貶低《山海經》。《山海經》是地理著作，很多內容可信，不過是他不能發現。自從王國維、胡厚宣發現《山海經》和甲骨文吻合，〔註 48〕還有誰去笑話《山海經》？可是顧頡剛竟然不知，可見他的學術沒有近代化。

譚其驤在《論〈五藏山經〉的地域範圍》說《山經》的地域比《禹貢》大，記載比《禹貢》詳細，成書應在《禹貢》後，《禹貢》價值遠不及《山經》。顧頡剛雖然一生疑古，但仍受古人思維影響，認為《禹貢》在《尚書》中，價值就大，沒有看到《山海經》的價值，譚其驤是暗批顧頡剛。

顧頡剛的《山海經說明》說《山經》是戰國成書，《海經》晚到西漢寫成。其實《海經》也是戰國成書，不可能晚到西漢。他又說《東山經》、《南山經》模糊，越、楚是多年鄰國，楚又滅越，東南方不可能空白，所以作者不是楚人。〔註 49〕其實上古南方地廣人稀，漢代福建僅有一縣。因此上古書籍不可能記載很多南方地名，這不能證明《山經》不是楚人。

1962 年，顧頡剛說《山經》、《海經》本是兩本書，《山經》是楚、秦巫師

〔註 45〕侯仁之：《中國古代地理名著導讀》再版後記，學苑出版社，2005 年。
〔註 46〕顧頡剛：《顧頡剛日記》卷八，第 308、347～358、366～369、374 頁。
〔註 47〕侯仁之主編：《中國古代地理名著選讀》第一輯，學苑出版社，2005 年，第 5 頁。
〔註 48〕胡厚宣：《甲骨文四方風名考證》，《甲骨文商史論叢初集》，河北教育出版社，2002 年，第 265～276 頁。
〔註 49〕顧頡剛：《山海經說明》，《顧頡剛古史論文集》卷六。

根據實際地理知識及部分假想編排。《海經》是燕、齊史地學者根據海上交通的實際知識加上假想組織，據圖成書。《海經》不僅可以看到海上交通的發達，還可以看到中亞、西亞的陸路交通，崑崙山如同希臘的奧林匹斯山是眾神所居高山，懸圃如同巴比倫的空中花園，都是東歐、西亞的傳說輸入中國。張騫鑿空是使節的開始，而商路之通在張騫之前千年以上。〔註50〕這個觀點更為合理，但是他沒有更多地考證《山海經》的可信內容。

徐旭生的文章提出《山海經》是春秋戰國到秦漢不斷附益而成，不是小說，而是地理書。徐旭生的地理考證水平遠在顧頡剛之上，而且是哲學專業，考證《山經》非常全面，顧頡剛一生作了無數筆記，從未寫過一篇文章考證《山經》各篇的大體位置。顧頡剛創辦《禹貢》，但是連荊州北界的衡陽在今安徽都不曾考出，可見顧頡剛的地理考證水平極低！徐旭生的名著《中國古史的傳說時代》就是特地批判顧頡剛的疑古謬論，他又在此文指出顧頡剛的很多錯誤，否認顧頡剛的《山海經》在《禹貢》之前的觀點，指出顧頡剛的《禹貢》荊州衡山在江南的錯誤，認為導水章的衡山也可能在江南。他批判顧頡剛的《禹貢》晚出論非常合理，或許他的批判對顧頡剛也有影響，而且對譚其驤考證《山經》的文章產生重要影響。可惜徐旭生在很多地方未能深入，誤以為《山經》不可全考，《西次三經》和《海經》出自傳聞，誤以為《南山經》首篇在華南，誤以為《東山經》的少海為海州灣，其實古代是海峽。《禹貢》導山章的衡山，也可能是《中次八經》的衡山，徐旭生未發現。〔註51〕

侯仁之在《中國古代地理學簡史》中有《山經今地示意圖》，沒有準確定位，也不標出難以考證的《南山經》首篇、《南次三經》、《西次三經》、《北山經》首篇、《東次二經》、《東次四經》、《中次十經》。〔註52〕

譚其驤的《〈山經〉河水下游及其支流考》發表在 1978 年《中華文史論叢》第七期，他在《長水集》自序說：「這是我的一篇得意之作。古今學者講到漢以前古黃河全都只知道有一條見於《禹貢》的河道，誰也不知道還有其他記載。如今被我從《山經》中找出這麼一條徑流鑿鑿可考，遠比《禹貢》河

〔註50〕顧頡剛：《顧頡剛讀書筆記》卷十，第 128～129 頁。
〔註51〕徐旭生：《讀〈山海經〉劄記》，《中國古史的傳說時代》，廣西師範大學出版社，2003 年。
〔註52〕侯仁之：《中國古代地理學簡史》，科學出版社，1962 年。

水詳確得多的大河故道來，怎不令人得意！」但《北次三經》注入黃河的河流，原文不記在何處注入黃河，所以譚文所畫的黃河是他構擬的示意圖，不能說鑿鑿可考。而且譚文擬出的《山經》黃河古河道，穿過了滹沱河沖積扇，不合常理，又和《海內東經》所附《水經》記載黃河不合，〔註53〕結論值得懷疑。

譚其驤的《論〈五藏山經〉的地域範圍》計算全書里距、方向誤差，指出《山經》里距多不可信，但晉南、陝中、豫西特詳，越遠則錯誤越大。提出《山經》作者應是顧頡剛的周秦河漢間說，又引元代人吾丘衍之說，認為《山海經》避政之諱，是秦朝人所作，顧頡剛筆記已說過此點。譚文駁斥蒙文通的巴蜀說，但沒有發現《山經》作者的真相。譚文具體考證，有十大錯誤：

1. 不明古音致誤。他說《東次三經》的屍胡山是芝罘島，其實胡是喉牙音，而罘是唇音。又說《北次三經》景水是浸水，但景是喉牙音，浸是舌齒音，也不相通。因為誤考屍胡山是芝罘島，所以誤認為此篇在膠東，末端在膠州灣，其實本篇是起於膠州灣，末端在海州灣。

2. 誤信古人附會。誤信郭璞說《南次二經》句餘山在餘姚、句章間，但是此山明明在浮玉山（天目山）之西，不可能在浙東。其實句餘是越語地名，不必穿鑿為餘姚、句章之間。

3. 不考《山經》結構。《山經》各篇布局得當，不會有兩篇地域重疊，而譚文所考《南山經》首篇和《南次三經》多有重疊，當然有誤。據我考證，《南山經》首篇在江淮之間，而《南次二經》在江南，《南次三經》在南嶺。

4. 不明全書結構。誤認為《海經》全是神話，誤以為《山經》和《海外經》是一個系統，分別描述海內、海外。其實《海經》也是地理書，《海外經》、《海內經》八篇是一組，《大荒經》及最末的《海內經》五篇是一組。因為他沒有研究《海經》，所以沒有發現《海經》很多內容與《山經》相通，沒有發現《山經》崑崙山附近地理在《海經》有對應內容，誤考崑崙山為祁連山。《山經》最西部到達今阿富汗，但譚文誤以為僅到阿爾金山。

5. 方向不合原文。《北山經》泰澤在雁門山之北，和《海內西經》所說雁門之北有大澤吻合，應是察汗淖，而非岱海或黃旗海，因為岱海及黃旗海不

〔註53〕譚其驤：《〈山經〉河水下游及其支流考》，《長水集》下冊，人民出版社，2009年。

在雁門山正北。

6. 不知錯簡。《北山經》首篇第 10、12、13、17 山所出之水，西流匯入汮澤，譚文認為第 10～17 山是今陰山，而且是自西向東，不是原文的南北向，但是東西向的山脈不可能有很多河流西流，其西部也沒有大湖。其實這些山是《西次三經》的錯簡，應在甘肅省西北部。

7. 不得事物真相。《南次二經》首山西臨流黃，在今江西都昌，而《海內經》有流黃辛氏國靠近巴地，這個流黃是西南的丹砂，原文誤為黃沙。譚文混淆二者，誤以為《南次二經》從巴地開始。

8. 誤考同源通名。很多地名相同，或是通名，或因遷移，不必考為一地。譚文既認為《西次三經》崑崙山之西的積石山、三危山是另外的積石山、三危山，又認為崑崙山之西的天山是錯簡，一定是祁連山。其實天山是通名，高山皆可名為天山。

9. 一篇互不連貫。《東次二經》葛山在嶧皋山之南，應在今滕州。但譚文認為是今沛縣的葛墟嶺或邳縣的葛嶧山。又認為最後一山在今安徽宿州市，若在此處，則和本篇上文諸山不在一列，甚為突兀。

10. 未能結合歷史。《山經》的一列山，很多不是真實的山脈，而這些山之所以被古人看成一列，肯定有社會原因。我們如果僅考地名，不問究竟，還是不能發現真相。本書不僅考證地名，還解釋古人把這些不在一條山脈的山看成一列山的社會原因，解釋南、西、北、東、中的地域劃分的原因。這不僅有助於地名考證，也使得我們發現本書的寫作過程。

譚文方法沒有超出乾嘉學者，沒有使用新材料和新方法。在關鍵問題上沒有突破，譚文和畢書不同之處也未必正確。比如譚文認為《南山經》首篇在廣東、福建南部，《南次二經》西端在湘西，認為《北山經》在賀蘭山和陰山，認為崑崙山是今祁連山。這些難以考證的外圍部分，畢沅未能考出，譚文也考錯了。所以譚文的地域範圍多數錯誤，而內部諸山考證，錯誤不少，或有缺失。譚文因為僅尋全書外廓，所以沒有考證《中山經》諸山，僅考證《中次九經》，其實《中次八經》、《中次十二經》在今鄂西南、湘西北，也是全書諸山的外廓。

五、其他現代的研究

蒙文通認為《山海經》作者是他的同鄉四川人，論證武斷，說《山海經》

記載的發明家和《世本》完全不合，可是從他的對比表可以看出多有相合處，《山海經》說后稷播百穀，《孟子》說后稷教民稼穡。《山海經》說河伯僕牛，《世本》說眩作服牛，《大荒北經》：「王亥託於有易、河伯僕牛。」《世本》的眩是王亥之形誤，還是相合。《世本》說奚仲作車，《海內經》：「番禺生奚仲，奚仲生吉光，吉光是始以木為車。」蒙文通為了論證《山海經》出自四川，不惜斷章取義，這種治學態度錯誤。

蒙文通說《山海經》多次出現帝俊，王國維認為帝俊是帝嚳，章太炎認為是帝舜，蒙文通認為帝俊和我們瞭解的古史毫無關係，他不知帝俊就是帝舜。他說嚳、堯、舜等人在《山海經》裏看不出和黃帝有何關係，而且堯在嚳之前，所以是中原以外的系統，其實《山海經》本來是地理書，不是《世本》，自然不提帝王的關係。《海內西經》稱羿為仁羿，《海內經》稱羿得到帝俊賜予的弓箭，扶持人間，這和《左傳》后羿驕奢淫逸的形象不同。其實《左傳》明確記載后羿是後來才有亂政，上古各地的傳說不同很正常，不能因為記載不同就證明《山海經》出自巴蜀。

蒙文通說《山海經》以南為首，巴蜀在《中山經》，《海內經》：「西南黑水之間，有都廣之野，后稷葬焉。」郭璞注：「其城方三百里，蓋天下之中。」所以巴蜀是天下之中。蒙文通居然不分郭璞的注和《山海經》原文，《山海經》原文從來沒說巴蜀是天下之中，都廣之野也不在巴蜀，都廣和廣都縣（在今四川雙流）毫無關係。廣都縣在黑水之間嗎？我認為都廣之野在羅布泊，就是《海外西經》、《大荒西經》的沃野。

蒙文通沒有發現《海內東經》最後的《水經》原來不是《山海經》的一部分，就籠統討論，而且發生嚴重錯誤，他說其中沒有說到黃河，只說到漳水，所以漳水就是黃河，其中的三江不是江南的三江，所以不是越人所作，而是蜀人所作。這段論證毫無道理，沒提黃河的原因可能有很多，可是不能說其中的漳水就是黃河，更不可能說作者就是蜀人。我在下文論證論證其中的漳水不是黃河，作者也不是蜀人。

蒙文通說《大荒經》五篇，四次提到巫山，所以作者是巴人，論據太過薄弱，也不能成立，巫山不是今日的重慶巫山。他說《海內經》有巨燕、大楚，《大荒經》有西周國、北齊國，所以都是在西周之前。其實西周的燕、楚很小，巨燕、大楚都是戰國晚期的情況。西周、北齊也不能說明其成書年代，北齊的情況不詳，袁珂就指出其錯誤。蒙文通說《禹貢》反映西周地理，《北

山經》和《禹貢》河道不同，《中次七經》的役水向北入河，在開挖鴻溝之前。〔註54〕其實《禹貢》是戰國作品，《山經》不可能太早。譚其驤批評蒙文通的觀點，認為役水和黃河之間還有濮水、濟水，未必是在鴻溝開挖之前。我認為譚其驤的這個批評合理，濟水、濮水其實都是黃河的分流，《水經注》記載陰溝故瀆和梁惠王開的十字溝都在濟水之北，我們現在看不到上古鴻溝的詳細記載，梁惠王所開的鴻溝或許是利用原有的水網，未破壞役水入河的下游河道，或許梁惠王所開的鴻溝在濟水之北。不能因為役水入河，證明《山經》在戰國前期成書。

四川人呂子方的《讀山海經雜記》也認為《大荒經》是巴人的作品，因為《大荒經》多次提到巫山，其實巫山很可能是通名，《山海經》原圖畫了很多有巫師的山，都可稱為巫山。他又認為《海內經》是蜀人的作品，因為《海內東經》中有西部的山水，說明作者在更西的地方，此論大謬，《海內東經》所附的《水經》是不屬於《山海經》的另一部獨立著作，而且這篇《水經》的敘述範圍是全國。他認為顓頊族興起於青藏高原東部，向東發展，〔註55〕這些觀點都是錯誤的，所以他的結論都不正確。

袁珂也是四川人，他的山海經校注本影響很大。他認為《山海經》的作者是楚人，理由有四：

1. 魯迅說《山海經》所載祠神之物多用精米，與古巫術合，蓋為古之巫書。巫術最盛的是楚國，《山海經》說到巫咸山、巫山等，則必為楚地出產。

2. 《山海經》有楚語，《海內經》：「百穀自生，冬夏播琴。」郭注：「播琴猶播殖，方俗言耳。」畢注：「播琴，播種也。《水經注》云楚人謂冢為琴，琴、種聲相近也。」《水經注·汝水》：「（葛陵）城之東北有楚武王冢，民謂之楚王琴。」《山經》多次提到吃某物使人不眯，《莊子·天運》：「彼不得夢，必且數眯焉。」《釋文》引司馬彪云：「眯，厭也。」《淮南子·精神》「是故覺而若眛」高誘注：「楚人謂厭為眛。」王引之校正眛當是眯。《西次二經》女床山：「其陰多石涅。」郭璞注：「即礬石也，楚人名為涅石，秦名為羽涅也。《本草經》亦名曰石涅也。」袁珂說《北次三經》提到涅石兩次，即礬石，說明是

〔註54〕 蒙文通：《略論〈山海經〉的寫作時代及其產生地域》，《中華文史論叢》第一輯，1962年。蒙文通：《巴蜀古史論述》，四川人民出版社，1981年，第146～184頁。又見蒙文通：《古學甄微》，巴蜀書社，1987年，第35～66頁。

〔註55〕 呂子方：《中國科學技術史論文集》下冊，四川科學技術出版社，1984年，第94～99頁。

楚人作品。

3.《楚辭》諸篇和《山海經》對應，所以《山海經》是楚人所寫。

4.《山海經》記載顓頊 16 處，黃帝 23 處，這是《山海經》的主神，而戰國時代，只有秦、楚兩國相傳是顓頊後裔。

他說《大荒經》不是宋國人所寫，因為這幾篇內容、風格和其他部分相似，黃帝、顓頊仍有重要地位，宋國和楚國接壤，楚國受宋文化影響。〔註56〕袁珂的觀點未必成立：

1. 上古氣候與今天差異很大，那時黃河流域也產稻，《山經》中的很多祭祀儀式很可能是春秋甚至西周以前流傳下來，那時的氣候更為暖濕。《山經》的祭祀也不是全用米，北方一些地區用稷，東方一些地區用魚。

2. 葛陵在今安徽臨泉，靠近中原，《水經注・沘水》六安縣：「都陂中有大冢，民傳曰公琴者，即皋陶冢也。楚人謂冢為琴矣。」六安也靠近淮河，都不是正宗的楚地。莊子是宋國人，不是楚人。吳任臣、郝懿行指出郭注有誤，據《本草經》，石涅是石墨，涅石是礬石。

3.《楚辭》和《山海經》相合，不能證明《山海經》出自《楚地》，屈原看的書不可能都是楚國人所寫。

4. 用黃帝、顓頊論證《山海經》的作者，尤其不可信，因為《山經》、《海經》是兩部書，《海經》又有兩個系統，不能合併統計。《史記》的《秦本紀》、《趙世家》說秦、趙同祖，《五帝本紀》說夏商周三代的祖先都是黃帝。

袁珂最大的問題是不考證地理，《大荒南經》：「有山名曰去痓，南極果，北不成，去痓果。」《大荒西經》：「有軒轅之國。江山之南棲為吉。不壽者乃八百歲。」這兩條明明是講地理，袁珂都認為是巫師的咒語。

但是他偏以為《山海經》書名中的經是指經歷，而不是經典。他的四點證據實在難以成立，第一條是《山經》每篇末尾稱南經、東經、北經、西經、中經，第二條是《文選》注引《南山經》之首曰䧿山缺經字，第三條是《山經》末尾禹曰：「天下名山，經五千三百七十山，六萬四千五十六里。」第四條是《海外經》開頭都是海外從某某陬至某某陬。〔註57〕這四條顯然不能得出經指經歷，第一條是簡稱，而且很可能是晚出的概況，第二條或是傳抄缺字，第三條的經是總結，郝懿行是斷經字在下文，才認為經指經，而袁珂誤

〔註56〕袁珂：《山海經寫作的時地及篇目考》，《神話論文集》，第 2～10 頁。
〔註57〕袁珂：《山海經校注》，巴蜀書社，1993 年，第 223～224 頁。

解為《名山經》。第四條的地理方位，無關書名。袁珂沉迷神話，思維缺乏邏輯，才得出這種謬論。他的這個觀點，未得到學界認可。

自從胡厚宣發現《大荒經》記載的四方神名和四方風神名與甲骨文記載一致，很多人都誤以為《山海經》是在商代或西周寫成。此論不合邏輯，戰國人也可能傳抄商周的文獻，不能據此認為《山海經》成書太早。甚至有人提出《山海經》是夏朝的全國地理普查資料，〔註58〕這是以今度古。還有人認為《山海經》是西周的全國地理普查資料，持此意見的人多不是出自史學專業，不知西周不是秦漢的大一統，西周是封建諸國，而且華夏族群的範圍很小，曾國（今隨州）、晉國（今翼城）是邊遠的據點，不可能產生如此詳細的地志。

徐顯之的《山海經探原》認為《山海經》是最古的方志，《山經》是以山為經的方物志，《海經》是以氏族為經的社會志，《海內經》具有科技志性質，產生于氏族社會末期。〔註59〕時間定性太早，受魯迅、袁珂巫書說的影響，又套用圖騰社會理論。因為不懂考據，地名考證多誤。張岩的《山海經與古代社會》用西方人類學理論硬套《山海經》，認為怪物是原始社會的圖騰，《山經》講述的是五嶽政權。〔註60〕脫離歷史，多屬臆測。

郭郛的《山海經注證》是在《中國古代動物學史》研究《山海經》動物的基礎上寫成，有很多發現。但是因為他不懂歷史學，所以他解釋很多動物時，也用圖騰理論硬套。〔註61〕

張步天的《山海經概論》認為《山經》底本出自西周的全國地理調查，《南山經》在漢武帝時寫成，提到郡縣，在嬴政佔領嶺南後。《西山經》在周人故地，所以在戰國之前寫成。《北次三經》是西周寫成，《北次二經》是戰國趙人北上的探險記錄，《北山經》首篇在劉徹北擊匈奴後。《東山經》首篇作於戰國，《東次二經》在秦置閩中郡後，《東次三經》在燕昭王時寫成，《東次四經》在燕攻齊之後寫成，《中次九經》是秦滅巴蜀後的調查，《中次八經》、《中次十一經》、《中次十二經》是楚人在春秋末年到戰國初年的作品，其餘八篇是春秋中晚期之前周人所寫。他認為《西山經》、《北次三經》、《中山經》

〔註58〕孫文青：《山海經時代的社會性質初探》，《光明日報》1957年8月15日。
〔註59〕徐顯之：《山海經探原》，武漢出版社，1991年，第1頁。
〔註60〕張岩：《山海經與古代社會》，文化藝術出版社，1999年。
〔註61〕郭郛：《山海經注證》，中國社會科學出版社，2004年。

八篇是春秋中後期定稿，作者很可能是萇弘，《東山經》除《東次二經》外，作者是燕齊方士。他認為《海外經》成書於戰國末年到西漢初年，《海內經》在《淮南子》到劉歆之間，《大荒經》是先秦作品，作者也是中原人。

張說基本不能成立，他的考證缺乏系統，一個完整的《東山經》、《中山經》居然都如此難產。他說《東次二經》在福建，根本不能成立，此篇主要在山東，南延到江蘇的北部。他的研究缺乏整體意識，這也是傳統考據學者的最大弊病。如果他從全盤考慮，福建即使出現在《山經》中，無論如何，只能歸入《南山經》，而不可能在《東山經》，因為淮南、江南都是當時中原人眼中的南方，何況福建。他說《山經》底本是西周所作，但是《西山經》已經寫到阿富汗，西周人不可能有此能力。楚國疆界在戰國時已到嶺南，不必到秦漢以後。西周人理應更熟悉齊魯，而非山西，因為晉國北部都是戎狄，春秋時才為晉國征服，所以他說《北山經》是西周人作，而《東山經》是燕齊人作，毫無道理。由於作者的地理考證多誤，又不明戰國歷史，錯誤太多。該書的最大價值還是《山海經》研究史的梳理，可以作為目錄使用。

張步天另有《山海經解》，考證地名，錯亂不堪。譚文在不可考處，皆存而不論，而張著非要定點，考證水平又不及譚，所以更不可信。

李約瑟在《中國科學技術史》第五卷指出《山海經》中的怪人在歐洲有類似記載，很多西方學者認為來自希臘，但是李約瑟認為很難找到起源的地點，有的來自中國和伊朗。〔註62〕

凌純聲認為《山海經》的範圍，東到太平洋的西部，南到南海諸島，西到西南亞洲，北到西伯利亞。〔註63〕我認為此論比較合理，《山海經》的範圍廣闊，不過他未詳細考證各個地名。

蘇雪林認為《山海經》是古巴比倫人所作的阿拉伯半島地理書，由戰國時的波斯學者傳入東方，而《海經》是鄒衍所講的神話地理。〔註64〕此論雖然在地域上錯誤，但也注意到了《山海經》和西域文化的關係。

蕭兵（邵宜健）力圖使用多學科結合的方法，考證《海經》的地理，他的視野廣闊，可惜在地理考證、邊疆民族史和中外交通史的功力還不夠，很多

〔註62〕李約瑟：《中國科學技術史》，第五卷第一分冊，科學出版社，1976年。
〔註63〕凌純聲：《中國邊疆民族和環太平洋文化》，臺北：聯經書局，1979年，第1577頁。
〔註64〕蘇雪林：《崑崙之謎》，《屈賦論叢》，臺北：國立編譯館，1980年，第582頁。

地方仍然未得正解。〔註65〕

　　因為《山海經》的研究太難，地理考證尤難，很多人忽視考證地理，論述都是空中樓閣。劉宗迪曾在氣象系、天文系讀書，所以把地理學的書《山海經》誤讀為天文學的書，其實《山海經》中的天文內容微乎其微，可以忽略不計。因為他是山東人，所以說《山海經》很多內容來自山東，甚至連崑崙山都被他誤認為在山東。他認為《海內經》四篇原來僅有崑崙山神話，其他地名都是很晚添加。他不懂地理考據，《海內經》的地名不可能都是很晚添加。他不會考證地名，進而反對考證地名，認為《山海經》的地名都是虛構，指導學生撰文認為酈道元的考證是誤讀，〔註66〕自己誤讀還指責別人誤讀。很多人也是如此，因為僅知家鄉，而看不到《山海經》記載的世界地理。

　　沈海波的《山海經考》反對袁珂的楚人作書說，認為巫風不止楚地，書中也有其他方言，楚人的祖先祝融在書中地位不突出，《山經》作者是周朝和秦朝官員。〔註67〕他的批評有道理，袁珂等人認為楚地才有巫風，才有《山海經》很多神話，這個觀點不能成立，我發現很多神話其實來自西域。我認為《山經》作者不是周人和秦人，而是出自戰國時的齊國。

　　江林昌認為《中山經》占全書的三分之一，記載的晉南、豫西山水正好在夏人的活動範圍，所以《中山經》和夏人有直接聯繫，《山海經》原圖和禹的九鼎圖有關。〔註68〕此說有誤，《中山經》後五篇在長江領域，不全在中原，何況《山經》範圍遠不至此，不能以偏概全。即使《山經》地域全在夏地，也不能說《山經》就和夏朝有關。

　　鄒濬智認為，從《海經》的一曰顯示的字體類似情況可以推測《山海經》最有可能出自楚地，但是寫定前可能有楚、晉、齊三個版本。〔註69〕我認為戰國時期很多中原書籍傳入楚地，楚地有抄本不代表這些書的原作者是

〔註65〕葉舒憲、蕭兵、〔韓〕鄭在書：《山海經的文化尋蹤》，湖北人民出版社，2004年。

〔註66〕劉宗迪：《失落的天書：〈山海經〉與古代華夏世界觀》，北京：商務印書館，2006年。王紅霞：《被誤讀的〈山海經〉——以〈水經注〉引用〈山海經〉為中心》，山東大學碩士論文，2018年。

〔註67〕沈海波：《〈山海經〉考》，文匯出版社，2004年。

〔註68〕江林昌：《考古所見山川神怪類「圖書」與〈山海經〉〈楚辭〉〈淮南子〉的閱讀》，江林昌：《考古發現與文史新證》，北京：中華書局，第387～393頁。

〔註69〕鄒濬智：《〈山海經〉疑難字句新詮——以楚文字為主要視角的一種考察》，花木蘭文化出版社，2012年，第45～48頁。

楚人。

　　劉釗認為《山海經》作者是楚人，主要新證據是嬰玉。《東次二經》：「其
祠：毛用一雞祈，嬰用一璧瘞。」《中次三經》：「其祠泰逢、薰池、武羅，皆
一牡羊副，嬰用吉玉。」《中次五經》升山：「其祠禮：太牢，嬰用吉玉。」尸
水：「嬰用吉玉，採之，饗之。」《中次七經》：「其祠：毛牷用一羊羞，嬰用一
藻玉瘞。」《中次十二經》：「洞庭、榮余山，神也，其祠：皆肆瘞，祈酒太牢
祠，嬰用圭璧十五，五采惠之。」《山海經・海內南經》：「有木，其狀如牛，
引之有皮，若纓黃蛇。」《文選・甘泉賦》注引《埤蒼》：「嬰，繞也。」葛陵
楚簡出現多處「瑷（纓）之以兆玉」，指用玉器圍繞。〔註70〕我認為嬰應釋為
縈，縈也是繞。《詩經・周南・樛木》：「南有樛木，葛藟縈之。」周南指的是
周公原封地河洛的南部，《史記・燕召公世家》：「自陝以西，召公主之。自陝
以東，周公主之。」楚國在西周時期逐漸漢化，很多楚方言字源自河洛。因為
我們現在看到的楚簡比較多，不能否認河洛沒有類似用法。上述《中山經》
三篇和《東次二經》都在中原，所以也未必是鐵證。

　　劉朝飛是當代《山海經》研究者的新秀，他不僅重新點校整理了郝懿行
的《山海經箋疏》，還著有《志怪於常：山海經博物漫筆》，〔註71〕他的研究
立足傳統考據，又吸收博物學的知識，多有新見。

第三節　研究方法

　　本書之所以能在多數重要問題得到正解，就是因為本人綜合使用了語言
文字、地理、生物、歷史、考古等多學科知識，而且關注文本的內在結構分
析。但是本書的根本基礎是本人對古代地理的知識基礎，本書的所有研究都
建立在地理考據基礎上。這是本人所長，也是前人所缺。

　　在開始本書的考證之前，我們需要瞭解一般的歷史考證，必須注意：

1. 不輕易改字，不輕易指為錯簡，不輕易指為偽作或偽添、衍文等訛誤。
2. 注意考證史料的契合度，關係越近越可靠。
3. 嚴格注意審音和勘同，科學使用上古音。
4. 古人注疏，往往忽視原書的系統，今日研究需要注意原書的系統。

〔註70〕劉釗：《出土文獻與〈山海經〉新證》，《中國社會科學》2021年第1期。
〔註71〕〔清〕郝懿行箋疏、劉朝飛點校：《山海經箋疏》，華東師範大學出版社，2019
　　　　年。劉朝飛：《志怪於常：山海經博物漫筆》，浙江古籍出版社，2020年。

縮小到上古地理考證，需要注意的是：

1. 注意地名變化和遷移。

2. 注意上古史料的價值等級，參見徐旭生的論述。〔註 72〕

3. 掌握上古語言、文字、文獻學的一些常識。

4. 瞭解歷史時期自然地理變化。

再縮小到《山經》的考證，需要注意的是：

1.《山經》每篇有一條路線，不能讓考出的位置偏離路線太遠。

2.《山經》多記生物、礦產等，應注重尋找這些證據。

3.《山經》的每篇未必是真正的山脈，我們需要探索古人認為這些山為山脈的人文地理原因。

4.《山經》各篇之間順序和位置安排有章法，除非因為晚出錯簡造成的混亂，原本不會混亂。

在《海經》的研究，我們需要注意：

1. 注意參考民族史和人類學知識。

2. 注意很多名號是漢語音譯的外語，要用上古音和外語破解。

3. 注意外國史和中外交流史知識。

4. 用內校和外校，調整位置和文字。

〔註 72〕徐旭生：《中國古史的傳說時代》，廣西師範大學出版社，2003 年，第 32～41 頁。

第一章 《南山經》地理

古人習稱《五藏山經》為《山經》，前引陸侃如之文詳細搜集了古書中出現的《山經》之名。《山經》記載了西過帕米爾高原，東到大海，南到五嶺，北到大興安嶺這一廣闊區域內的 450 座山及其間所出的河流，生物，礦藏、古蹟傳說等，很多生物記載其藥用價值。《山經》每卷首篇與卷名相同，本書為避免混淆，稱為首篇。

第一節 《南山經》首篇地理

全書首篇與《中次十經》是《山經》中最難考證的兩篇，徐旭生未能概述位置的就是這兩篇，不過還是被我破解。首篇自西向東，共 9 山。最末是箕尾山，其尾踆（蹲）於東海。開頭招搖山，臨西海，這列山似乎在兩海之間。南方似乎只有嶺南到閩南符合，我認為，從全書體例來看，不可能在華南，因為《南次二經》在今江西省北部到浙江省東部，《南次三經》在今廣西的北部到廣東的北部，所以《南山經》首篇一定在《南次二經》之北，這樣三篇才有章法，從北向南，依次排開。楚國疆域不到東南沿海，《山經》各篇的地域選擇源自戰國時的各國疆域，而且都在重要的交通線路上，所以《南山經》首篇不可能遠到偏僻的東南沿海丘陵。

郭璞注招搖山：「在蜀伏山，山南之西頭，濱西海也。」清人以為伏山是汶山之形訛，但顯然不可能在汶山，這是因為郭璞誤信此山在西海之濱，以為此山在最西南。《大荒東經》：「招搖之山，融水出焉。」《呂氏春秋·本味》：「招搖之桂。」高誘注：「招搖，山名，在桂陽。」譚其驤認為是漢代的桂陽

縣，招搖山是連州北部的方山，我認為大誤，《大荒東經》的招搖山在今威海東部的逍遙港，不可能是南方的招搖山。連州北部既然在《南次三經》地域，就不可能是《南山經》首篇地域。

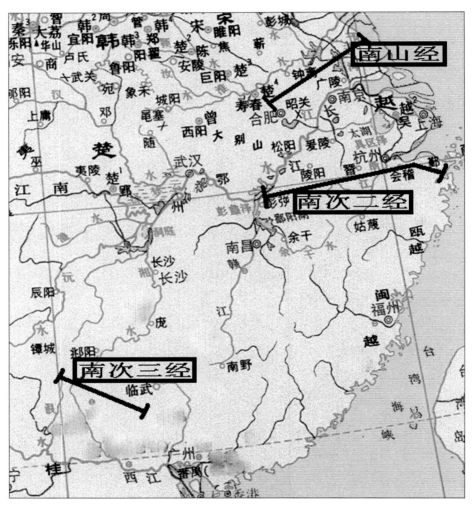

《南山經》三篇位置示意圖

衛挺生、張步天、郭郛等人皆誤以為《南山經》首篇在華南，未得正解。前人以為此篇在華南，僅有招搖之桂這一孤證，嶺南多桂，漢代桂林縣在今廣西象州縣，《海內南經》的桂林在番禺（今廣州）之東，是另一個桂林。上古氣候很熱，江淮也可以有桂。前人解釋本篇，多牽強附會。比如張步天認為都龐嶺音近堂庭，桂陽和杻陽形近，柢山在《水經注》始興水（今湞江）支

流邸水流域，亶爰是大庾縣（今江西大餘縣）嫦娥障之音轉。但是嫦娥出自《山海經》常羲，這些地名都是很晚出現。而郭郛釋地，更是不顧地名之音形，強尋高山以配。衛氏之說，更為簡陋。

張春生的解釋也有這種問題，他說鵲山是清代《廣西通志輯要》桂林府灌陽縣之西二十里雀兒山，堂庭山是盟渚嶺的主峰馬塘嶺。[註1]顯然不能成立，雀兒山、馬塘嶺都是晚出的俗名，不是古代地名。他解釋的《南山經》首篇和《南次三經》也有重疊，說《南次三經》灌湘山在灌水、湘水源頭之間，其東的雞山在今雲南宜良縣，其東的令丘山在今雲開大山，同一篇的山不可能在廣東、雲南之間跳躍。又說發爽山在漢代的牂牁郡進桑縣，發爽、進桑就是發喪。都是臆測，發爽、進桑不可能源自漢語發喪。說發爽之西的丹穴山在今廣西河池，但是進桑縣在今雲南的南部，河池距離很遠，方向也不合。他的解釋錯亂不堪，完全不能成立，居然誣賴《山海經》所記方向都是說圖者的順口溜，可見他的治學有嚴重問題。《山海經》是一部嚴肅的著作，絕不可厚誣古人。

我認為《南山經》首篇在今江淮，司馬遷《史記·貨殖列傳》把江淮之南的楚越之地看成典型的南方，包括淮南。

今按《左傳》昭公五年（公元前537年）：

> 冬十月，楚子以諸侯及東夷伐吳，以報棘、櫟、麻之役。薳射以繁揚之師，會於夏汭。越大夫常壽過帥師，會楚子於瑣。聞吳師出，薳啟彊帥師從之，遽不設備，吳人敗諸鵲岸。楚子以馹至於羅汭……楚師濟於羅汭，沈尹赤會楚子，次於萊山。薳射帥繁揚之師，先入南懷，楚師從之，及汝清。吳不可入，楚子遂觀兵於坻箕之山。是行也，吳早設備，楚無功而還，以蹶由歸。楚子懼吳，使沈尹射待命於巢，薳啟彊待命於雩婁，禮也。

鵲岸、坻箕之山，應即《南山經》首篇的鵲山、柢山。夏汭即夏水的河口，夏水即《水經注》夏淝水，其注入淮河的河口在今安徽鳳臺縣境內。羅水應即《水經注》洛水，讀音相近，羅水即今淮南市東部的洛河，其注入淮河的河口在今淮南市東部。

楚軍一路向東，則鵲岸應即《水經注》記載的洛水支流鵲甫溪岸邊，《水

〔註1〕張春生：《〈五藏山·經南山經〉地理今釋》，《歷史地理》第十七輯，上海人民出版社，2001年。收入張春生：《〈山海經〉研究》，上海古籍出版社，2007年。

經注疏》卷三十《淮水》:「（洛水）又北，鵲甫溪水入焉。水出東鵲甫谷，西北流逕鵲甫亭南，西北流注於洛水。」

熊會貞在《水經注疏》中注:「《初學記》八引此亦作鵲甫亭，而宋本《地形志》北譙縣有苟甫城，毛本又作荷。《寰宇記》定遠下，廢定遠縣城在西南八十五里，相傳梁、魏交爭之日，魏築為壘，在芰蒲塘下流，水出夾城西注，蓋緣塘立名，《梁典》普通七年，胡龍驤掠芰蒲塘，生擒五千人是也。《寰宇記》一本又作艾甫塘、艾甫城，殊為歧出。考《名勝志》引《輿地紀勝》定遠縣西八十里有芍甫城，並稱《梁典》作芍甫，芍音鵲。疑苟、荷、芰、艾皆芍之誤。芍甫、鵲甫一也。此亭即廢定遠城，其距定遠里數，《寰宇記》、《紀勝》不同。《一統志》則本王說也……鵲甫溪水今名清洛澗，在定遠縣西南。」

楊守敬的《水經注圖》以清洛澗（今青洛河）為鵲甫溪，熊會貞認為鵲甫亭在今安徽省定遠縣西北，即芍甫，訛為苟甫、荷蒲、芰蒲、艾甫。陰陵縣舊城在今定遠縣西北的古城村，正是在洛水支流清洛河流域，《魏書·地形志中》楚州北譙郡治陰陵城，其下的北譙縣有苟甫城，所以鵲甫亭也在定遠縣西北，雞山是今定遠縣、鳳陽縣之間的狼窩山。

其首的招搖山，可能是山脈的西北端，靠近淮河，在今懷遠縣、鳳陽縣、淮南市交界處。其西部是洛河注入淮河處，地圖上的湖泊被誤以為是西海。項羽在陰陵縣的大澤迷路，就在今定遠縣，證明上古定遠縣的湖沼很大。上古氣溫很熱，所以招搖山有桂樹。

鵲甫即鵲阜，即鵲山。前人已經指出:春秋地名多有帶父字，如《春秋》定公十四年莒父、桓公十二年武父、昭公二十三年雞父、《左傳》文公十七年黃父、桓公十三年冶父、昭公九年城父，父、甫即山阜，梁父山又作梁甫，《左傳》雞父，《穀梁傳》為雞甫。〔註2〕

因為是東夷之地，所以《左傳》說楚子聯合東夷，伐吳，觀兵坻箕山，其實是楚人向東夷耀武，接受東夷的朝拜。接近徐國的古都，所以《左傳》次年徐國的國君至楚，被楚國拘禁。徐君逃出，吳楚因此再次大戰。此次大戰地點在豫章、幹溪、房鍾，杜預注:「幹溪，在譙國城父縣南。」仍然在淮河流域，不在長江沿岸。《左傳》記載鵲岸之戰的前一年，昭公四年:「冬，吳伐楚，入棘、櫟、麻，以報朱方之役。楚沈尹射奔命於夏汭，葴尹宜咎城鍾離，薳啟疆城巢，然丹城州來。」鍾離國都在今鳳陽縣東的臨淮關，朱元璋

〔註2〕程二行:《春秋都邑何多以父名》,《中國典籍與文化》2000 年第 12 期。

改鍾離縣為臨淮縣，蚌埠發現有鍾離國君墓。〔註3〕州來國在今壽縣、鳳臺，〔註4〕朱方或以為在今鎮江市，也有學者提出應在安徽中部，〔註5〕證明次年的鵲岸之戰在淮河流域。

譚其驤主編《中國歷史地圖集》鵲岸畫在安徽廬江、無為縣的長江沿岸，〔註6〕可能是根據杜預注：「廬江舒縣有鵲尾渚。」其實不能肯定，鵲尾渚是通名，鵲尾渚和鵲岸有別，距離夏汭很遠。《中國歷史地圖集》把坻箕山畫在今巢湖市南部，其實是根據《大清一統志》，但清人缺乏證據，所以致誤。《大清一統志》抄襲《明一統志》卷十四：「踟躕山，在巢縣南三十七里。《左傳》楚子觀兵於坻箕山，又陳荀朗破郭元建於踟躕山，蓋坻箕、踟躕音相近。」其實箕、廚古音不近，箕是見母 k，牙音，廚為定母 d，舌音，所以不確。《通典》卷一八一宣州南陵縣說鵲洲即《左傳》鵲岸，《太平御覽》卷六九引《尋陽記》縣北有鵲洲，又說鵲頭、鵲尾相距八十里。《輿地紀勝》卷四五廬州：「鵲尾渚，鵲岸，在舒城縣治西北金剛寺。」此鵲岸在舒城縣西北，則在內陸山地而非長江沿岸。《元和郡縣圖志》卷四五宣州南陵縣：「鵲頭鎮在縣西一百一十里，即春秋時楚伐吳敗於鵲岸是也。沿流八十里，有鵲尾洲，吳時屯兵處。」

堂庭山應是洞庭山，源自山洞，雒山之東，今鳳陽縣南部的韭山確實有岩溶山洞，韭山洞長 1472 米。附近還有窟窿山、狼洞山、老虎洞、黃泥洞等地名，九山或源自窟山。

湖南岳陽的君山即洞庭山，有猴子洞，洞庭湖源自洞庭山。蘇州太湖中的洞庭山之名源自山洞，西洞庭山有林屋洞。《水經注》卷二九：「湖有苞山……俗謂之洞庭……是故郭景純《江賦》云爰有包山洞庭。」唐代陸廣微《吳地記》引郭璞云：「今吳縣西南太湖，即震澤也。中有包山，去縣一百三十里，其山高七十丈，周回四百里，下有洞庭穴，潛行水底，無所不通，號為地脈。」

〔註3〕安徽省文物考古研究所、蚌埠市博物館：《蚌埠雙墩：新石器時代遺址發掘報告》，科學出版社，2008 年。

〔註4〕舊說州來在淮河北岸的鳳臺縣，但是現代學者論證在今壽縣，見陸勤毅、李修松主編：《安徽通史》先秦卷，安徽人民出版社，2011 年，第 291～294 頁。

〔註5〕張勝琳：《吳楚淮域之戰若干相關地名地望略考》，張正明主編：《楚史論叢》初集，湖北人民出版社，1984 年。

〔註6〕譚其驤主編：《中國歷史地圖集》第一冊，中國地圖出版社，1982 年，第 30 頁。

　　南陽也有洞庭，《太平寰宇記》卷一四二鄧州穰縣：「石洞庭，按《隋圖經》云：順陽縣有石洞庭，口闊三丈，高九尺，西北行之莫極，潛連上黨抱犢山。」南陽確實有岩溶地貌，順陽縣在今淅川縣，今天淅川縣金河鎮有神仙洞，馬蹬鎮有八仙洞。所謂通往上黨（今山西長治），是誇張之語。

　　洞是東部，堂是陽部，前人已經指出，東部和陽部押韻是楚地方言。[註7] 這些洞庭山都在楚地，越滅吳，楚滅越，吳越成為司馬遷在《史記‧貨殖列傳》所謂的東楚之地，蘇州的洞庭山應該是楚人東遷形成。

　　其東的猨翼山，在今鳳陽縣東部或明光市西南。下文有憲翼水、即翼澤，則翼是地名通名，翼 jiek 和澤 tsak 讀音接近。

　　雎山有獸，狀如禺而白耳，伏行人走，名曰㺪㺪。堂庭山，多白猿。上古江淮確有猿類，唐朝徐堅《初學記》卷二九引《江乘地記》：「攝山，有山猿，赤足。或見，涉冬積雪，輒有一行跡。」攝山是今南京的棲霞山，可見六朝時期長江南岸還有猿類。

　　柢山之西的柢陽山，出怪水，東注憲翼之水，此山應在今明光市。柢的讀音接近女，《太平寰宇記》卷十六泗州招信縣：「玉環山，在縣西二十五里。又名女山，狀如玉環，形勢迴旋。」女山是一座圓形的火山口，我認為原名顯然是乳山，指類似乳房。柢陽山就是女山，因為山形奇特，又突出在淮河南岸，所以記載。柢陽山也可能在今明光市南部，所出的河流最終注入淮河。

　　柢陽山有獸，狀如馬而白首，文如虎而赤尾，名曰鹿蜀。我認為鹿蜀是南島語的鹿 rusa，上古江淮受南方文化影響。原圖的鹿，被誤認為馬。安徽無為的裕溪口，古名濡須口，我認為濡須即鹿蜀。

　　柢陽山的旋龜（玄龜）即元龜，商代的甲骨文就記載六國（今安徽六安市）進貢大龜，[註8]《魯頌‧泮水》：「憬彼淮夷，來獻其琛。元龜象齒，大賂南金。」元龜是淮夷受魯國侵略，被迫貢獻的一種大龜，這種龜不僅可以出產在江淮下游，而且以淮河流域所產最為有名。《禹貢》揚州：「九江納錫大龜。」九江是今江淮中部，即戰國楚國和秦代的九江郡，《史記‧龜策列傳》：「神龜出於江水中，廬江郡常歲時生龜長尺二寸者二十枚輸太卜官。」旋龜（玄龜）、元龜即廬江神龜，漢代的廬江郡即秦代的九江郡地。這種龜長著鳥的頭和蛇的尾巴，就是今天所說的鷹嘴龜，又名平胸龜、大頭龜。這種

〔註7〕李方桂：《上古音研究》，北京：商務印書館，2001 年，第 73 頁。
〔註8〕陸勤毅、李修松主編：《安徽通史》先秦卷，第 195 頁。

龜的頭不能縮入殼內，性情兇猛。〔註9〕從旋龜產於江淮之間來看，《南山經》首篇必然在江淮之間。

柢山多水，無草木，應在今盱眙縣西南的淮河岸邊，《太平寰宇記》卷十六泗州盱眙縣：「櫃子山，在縣東一里。」誤認為柢山就是櫃子山，讀音接近，即今盱眙縣的天台山，因為頂部平坦得名。

柢山有魚，狀如牛，陵居，蛇尾有翼，其羽在魼下，音如留牛，名曰鯥。我認為鯥是鯪之形誤，應是鯪鯉，即穿山甲，原圖的背部高起，被誤認為是瘤牛。羽在魼下是羽在鯪下之誤，原圖畫的是穿山甲的腳，被作者誤以為是羽翼，證明作者不是南方人。《楚辭・天問》：「鯪魚何所？」鯪源自夌，其實是坴之形誤，陸魚就是陸地上的魚。《中次七經》半石山，多䲁魚，狀如鱖，居達，蒼文赤尾。居達顯然是居陸之誤，䲁是陸之誤，就是穿山甲。宋代莊綽《雞肋編》卷下：「信州冬月，又以紅糟煮鯪鯉肉賣。鯪鯉，乃穿山甲也。」信州治今江西上饒。

1980 年寶雞竹園溝 1 號墓西周銅製穿山甲

坻箕山就是坻山，箕是丘，鹽城龍崗鎮出土的戰國楚國封泥，或釋為貴其亭瑯，或釋為鑄其京瑯。楚國有童其亭瑯〔註10〕，齊國有曾其戶瑯，〔註11〕有盧其鳥瑯，〔註12〕《漢書・地理志》琅邪郡有魏其縣、不其縣，東海郡有祝其縣、蘭祺縣，臨淮郡有贅其縣，在今盱眙縣西北。不其縣城在今青島城

〔註 9〕周運中：《中國文明起源新考》，花木蘭文化出版社，2015 年，第 140～143 頁。
〔註 10〕羅福頤：《古璽彙編》，文物出版社，1981 年，第 0279 號。
〔註 11〕羅福頤：《古璽彙編》，第 0253 號。
〔註 12〕羅福頤：《古璽彙編》，第 0260 號。

陽區西北的城子，陳直引《隸釋》卷十七魯相謁孔廟殘碑，認為祝其應是況基，近年出土的連雲港尹灣漢簡正是況其，我已經考證況其縣城在今贛榆縣南部的古代海岸。〔註 13〕其的本字亓，就是基座之形。其上又增加筐形，成為其字。又增加土字，成為基字。土丘正是大地上的天然基座，其是見母之部 kiə，丘是溪母之部 khiuə，讀音很近，其就是丘，古代海邊的聚落都是土丘之上。下文的基山在射陽湖中，也是土丘。

　　亶爰山多水，無草木，也在淮河邊，應是今洪澤縣最南部的老子山，原屬淮陰縣，其實在今盱眙縣之北。亶爰和彈丸同音，亶爰是彈丸山，《水經注》卷三八《漓水》：「漓水又南合彈丸溪，水出於彈丸山……有石如丸，自然珠圓，狀彈丸矣，故山水即名焉。」《太平寰宇記》卷一六二桂州臨桂縣（今桂林）：「彈丸山，在縣東二里。」桂林靠近楚地，桂林的彈丸山也是源自楚語。萬曆《淮安府志》卷三清河縣（今淮安市）：「腦子山……頂有紅石。」腦子山因為出產瑪瑙石而名，訛傳為老子山，腦子即彈丸。瑪瑙石即雨花石，是由石英、玉髓和燧石或蛋白石混合形成，現在主要產自盱眙縣南部的六合、儀徵等地。雨花石由火山噴發形成，現在老子山還有溫泉，上文提到的女山就是火山口。古代的老子山突出在淮河邊，今天突出在洪澤湖中，是山脈的尾端，位置重要，所以記載。

　　基山在今寶應縣，箕尾之山是箕山之尾，在海邊的鹽城。則青丘山應在金湖縣，青丘山不應在基山之東，原文或有錯簡。基山因為在湖沼的中心，所以沒有河流發源。

　　金湖縣西南的磨臍墩是一個圓形土丘，高出周圍 7 米，有江淮堆積最複雜商周聚落遺址，周圍有壕溝，面積 4.5 萬平方米，2011 年列入江蘇省文物保護單位，很可能就是上古江淮的重要地名青丘。青丘山所出英水，南流入即翼澤，英水可能是銅龍河，南流入高郵湖，即翼澤在今高郵湖，古代是一個小湖，現代高郵湖是很晚形成。

　　上古的青丘很著名，郭注引《汲郡竹書》：「伯機子徵於東海，及三壽，得一狐九尾。」〔註 14〕三壽可能是三洲之誤，《小雅·鼓鍾》：「鼓鍾伐鼛，淮

〔註 13〕周運中：《秦漢歷史地理考辨》，花木蘭文化事業有限公司，2019 年，第 134～135 頁。
〔註 14〕或作王壽，見清朱右曾輯、王國維校補《古本竹書紀年》、王國維撰《今本竹書紀年疏證》，遼寧教育出版社，1997 年，第 4、54 頁。

有三洲。」青丘是江淮常見的地名通名，現在鹽城北部還有青墩鎮，海安縣也有著名的青墩新石器時代遺址。九尾狐代表狐仙崇拜，1963 年，鹽城三羊墩西漢墓出土了一個漆盤，中有大官二字，外有三條狐狸，再外有上林二字。上林是上林苑，大官是管理皇帝飲食的官員。據《漢書·地理志》，漢代臨淮郡鹽瀆縣（今鹽城）有鹽官、鐵官，墓主很可能是內廷派出的鹽鐵官。有人誤以為漆盤上畫的三頭野獸是熊，我認為野獸嘴長耳大，四足細長，顯然是狐。江淮人崇拜狐的傳統很久，陳勝在大澤鄉起兵之前，吳廣就偽裝狐鳴。

鹽城三羊墩出土漆盤圖案、龍崗出土貴其亭珎封泥

　　磨臍墩之西不遠就是盱眙縣的東陽城，江淮丘陵之東被楚人稱為東陽。東陽城是江淮東部的中心城市，楚國在此設大夫，有新東陽邑大夫銘文的璽印，〔註 15〕秦末東陽縣有陳嬰、寧君等名人，漢代有江都王劉非的大雲山漢墓等很多墓群，證明是古人心目中的風水寶地。金湖縣東北部的張集村出土了戰國時的楚國金幣郢爰，〔註 16〕證明金湖縣是楚國的要衝。

　　基山在今寶應縣東部，南唐入北宋的樂史編寫的《太平寰宇記》卷一二四楚州寶應縣（治今寶應縣）：「射陽湖，在縣東六十里，中流與鹽城分界。箕山，在縣東六十里。」箕山在古代的射陽湖邊，在今射陽湖鎮，是秦代到西晉的射陽縣治，〔註 17〕過去有很多土墩遺址，號稱九里一千墩。據調查，有人

〔註 15〕韓自強：《安徽阜陽博物館藏印選介》，《文物》1988 年第 6 期。
〔註 16〕田心：《江蘇寶應發現楚國「郢爰」金幣》，《考古通訊》1958 年第 5 期。金湖縣地名委員會編：《江蘇省金湖縣地名錄》，1983 年，第 122 頁。
〔註 17〕射陽古縣不在今射陽縣，劉邦封項伯為射陽侯，可能秦代已有此縣。《宋書·州郡志》南徐州有僑在江南的射陽縣，原縣不提，東晉廢古射陽縣。

工堆成的土墩 800 處，出土大量漢代文物，是一個巨大的漢代遺址群和漢墓群。〔註 18〕現在很多土墩，因為 1950 年代的水利建設而被平毀。

從地形圖可以看出，這是裏下河中心的一塊高地，〔註 19〕所以在此設縣。箕山的名字竟然延續了兩千多年，查寶應縣的地名錄，基山墩緊鄰射陽湖鎮的南部，源自箕山。〔註 20〕基山應該是原來的東夷部落中心，楚人東進，新建的射陽縣城緊鄰其北部。今天射陽湖鎮附近還有夷家舍、夷家莊、夷家墩。《宋書》卷七九《竟陵王誕傳》有海陵縣人夷孫，海陵縣治在今泰州，古代的海陵縣包括今天的興化、東臺、大豐、如皋、如東、泰興等地，夷姓源自東夷。

基山有獸，狀如羊，九尾四耳，其目在背，名曰猼訑。我認為，猼訑是南島語的犀牛 badak，證明基山在沼澤地帶。羊是作者看圖的誤解，背部的目是原圖所畫犀牛身上的突起。《水經注》卷三十《淮水》記載射陽湖之南有博芝湖，我認為博芝即猼訑，湖名源自犀牛。

基山有鳥，狀如雞而三首、六目、六足、三翼，其名曰鴲鵂，我認為這是戴勝，應讀為鳲付，鳲、尚形近而誤，因此幣也寫成幣，其實幣是誤字，又產生了表示錢的帑字，讀作 tang，其實這個讀音是源自敝。西漢揚雄《方言》卷八：「尸鳩，燕之東北、朝鮮洌水之間謂之鵖鴔。」鵖鴔讀為冨丕，音近鳲付，源自戴勝的叫聲類似撲撲。戴勝頭頂的羽冠很大，被看圖的人誤以為是三頭。羽冠上還有很多黑點，被誤以為是六目。戴勝的翅膀顏色很特別，中間一段是黑色，兩邊的兩段是黑白相間。畫在圖上，會被誤認為是三段翅膀。戴勝的尾巴也是黑白相間，如果畫面上是展翅的正面形象，黑白相間的尾羽會被誤以為是多出的腳爪。戴勝喜歡在開闊潮濕的地面，基山的湖沼高地環境符合。

裏下河地區原為海灣，因為長江和淮河的三角洲包圍，逐漸形成潟湖。潟湖和大海之間，是一條南北向的沙崗。從今濱海縣西南的潘崗、吉崗、綠楊崗和阜寧縣的東小崗、條崗，向南經過建湖縣的上崗，鹽城的龍崗、上崗，延伸到海安縣西北部的沙崗。這條沙崗是由東西向的海潮和南流的黃海沿岸

〔註 18〕南京博物院：《江蘇射陽湖周圍考古調查》，《考古》1964 年第 1 期。呆溯：《東漢古墓群：射陽阜前走馬墩出土古錢幣引證》，寶應縣政協編《寶應文史資料》第三輯，1995 年。

〔註 19〕江蘇省地圖集編輯組：《江蘇省地圖集》，1978 年，圖 4、圖 44。

〔註 20〕寶應縣地名委員會編：《江蘇省寶應縣地名錄》，1983 年，第 126 頁。

流共同作用，堆積泥沙和貝殼形成。潟湖的出水口原來在今鹽城市的龍岡鎮，是沙岡的口門，古名岡門，近人以為諧音不雅，改為龍岡。射陽湖鎮向東的鹽河和大縱湖的下游蟒蛇河，匯聚到龍岡，又向東在鹽城入海。

古代的鹽城就在海岸的沙崗上，戰國時的楚國金幣有鹽字地名，可能就是今鹽城。秦漢是鹽瀆縣（治今鹽城），東晉改名鹽城縣。〔註21〕龍岡鎮有商代的遺址，戰國時代的中心已經從龍岡鎮東移到今鹽城。箕尾之山指從箕山向東延伸的陸地尾端，則箕尾之山在今鹽城。

箕山之尾，所出的泫水，南流入清水。我認為泫水是今鹽城、龍崗之南的蟒蛇河，這是鹽城西部的最大河流，蟒、泫音近。蟒是正字，上古河湖多蟒。蟒蛇河是聯結裏下河湖泊和大海的通道，今天蟒蛇河南部是大縱湖，上古大縱湖和南部的蜈蚣湖、烏巾蕩連為一體。蜈蚣、烏巾音近，牛的上古音是疑母之部 ngə，土耳其語是 okuz，英語的 ox、泰語的 koo 是同源字，現在江淮話的牛還讀作 ou，南通話是 nge，靖江話是 ngoy，所以蜈蚣、烏巾的讀音源自牛，因為上古的湖泊多野水牛。上文提到博芝湖的名字源自犀牛，蜈蚣湖、烏巾蕩之北就是博芝湖，環境相同。

青丘在戰國時可能已經錯到了基山（箕山）之東，《呂氏春秋・本味》：「箕山之東，青島之所，有甘櫨焉。」甘櫨應是甘柤的形訛，《海外北經》甘柤，郭璞注：「《呂氏春秋》曰：其山之東，有甘柤焉。音如柤梨之柤。」其山即箕山，則甘櫨應是甘柤，《史記・司馬相如傳》錄《上林賦》：「盧橘夏熟。」《索隱》引應劭曰：「《伊尹書》云：箕山之東，青鳥之所，有櫨橘焉，夏熟。」《說文》櫨：「伊尹曰：果之美者，箕山之東，青鳧之所，有櫨橘焉，夏熟。」洪頤煊認為《說文》所引伊尹曰是後人根據《史記》補入，甘櫨是甘柤之誤。孫蜀丞認為是甘櫨，《史記索隱》引《廣州記》：「盧橘皮厚，大小如甘酢，多九月結實，正赤，明年二月更青黑，夏熟。」又引《吳錄》云「建安有橘，冬月樹上覆裹，明年夏色變青黑，其味甚甘美。」但是此物既然在嶺外的廣州和建安郡（今福建），就不可能在鹽城，江淮不以出橘著稱，氣候不合。前人不明此處的青島是青丘，在今鹽城。《說文》所引不論是否原文，已誤青島為青鳧，可見未必準確。我以為甘櫨是甘柤，即柤梨，唐代段成式《酉陽

〔註21〕周運中：《鹽城在海中考》，《鹽業史研究》2007 年第 2 期。周運中：《戰國秦漢時期人口大東流與淮鹽產業興起》，《鹽文化研究論叢》第五輯，巴蜀書社，2011 年。

雜俎》續集卷九：「曹州及揚州、淮口出夏梨。」淮口是汴渠注入淮河之口，在今盱眙縣。揚州、淮口在江淮，曹州也靠近。夏梨即夏天成熟的梨，酈道元《水經注》卷二六《沭水》有柤口城，柤水在今山東棗莊到江蘇宿遷，柤地在今宿遷，或因柤梨得名。又作渣水、渣口，《魏書‧地形志中》海州沭陽郡有臨渣縣，因臨渣水（即柤水）得名。《梁書》卷三九《羊侃傳》有渣口，柤（楂）梨因為肉中多渣得名，《莊子‧天運》：「故譬三皇五帝之禮義法度，其猶柤梨橘柚邪！其味相反而皆可於口。」

如果青丘確實是在基山之東，則基山在今金湖縣，而青丘之島是指射陽湖中心的土墩群。還有一種可能，青丘山在射陽湖鎮的箕山，箕尾之山在鹽城，青丘在兩地中間的龍岡鎮。如此則柢山和基山的距離太遠，需要調整亶爰山到金湖縣，下圖暫且按照青丘山錯到基山之西來畫。

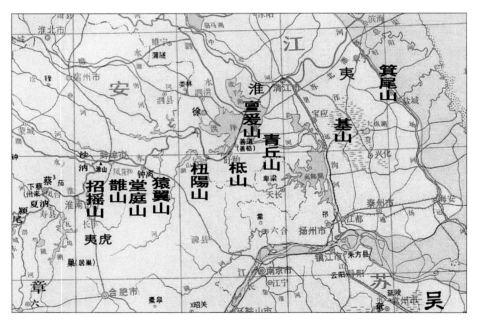

《南山經》首篇示意圖

《南山經》首篇諸山位置表（▼指位置確定）

	山　名	本文新考位置	出　水	流　向
1	鵲　山	鳳陽、定遠間狼窩山▼		
2	堂庭山	鳳陽、定遠間韭山▼		

3	猨翼山	鳳陽、明光間石門山		
4	杻陽山	明光市女山	怪水	東入憲翼水
5	柢　山	盱眙縣天台山▼		
6	亶爰山	洪澤縣老子山▼		
7	基　山	寶應縣箕山▼		
8	青丘山	金湖縣西南	英水（銅龍河）	南入即翼澤（高郵湖）
9	箕尾山	鹽城▼	汸水（蟒蛇河）	南入淯水

第二節　《南次二經》地理

本篇自西向東共 17 山，在今贛北到浙東。第 7 山浮玉山出苕水，北流注於具區，此山是全篇考證的關鍵，苕水即今西苕溪，具區即今太湖，浮玉山為今東天目山。浮玉山即封禺山，在今德清縣西，浮玉 biu-ngiok、封禺 piong-ngio 音近，《國語・魯語》：「汪罔氏之君，守封禺之山。」韋昭注：「封，封山。禺，禺山，在吳郡永安縣。」誤以為兩山，《史記・太史公自序》：「少康之子，實賓南海，文身斷髮，黿鼉與處，既守封禺，奉禹之祀。」《集解》引徐廣曰：「封禺山在武康縣南。」

第 11 山僕勾山的讀音接近浮玉，我認為浮玉、僕勾的語源都是牛，羅馬尼亞語是 bou，哈薩克語是 buqa，土耳其語是 boğa，現代英語是 bull。因此浮玉山有獸，狀如虎而牛尾，其實就是作者對地圖上牛的誤解。

浮玉山東望諸毗，或以為在湖州，《太平寰宇記》卷九四湖州烏程縣：「毗山，在縣東北九里，《山海經》云：浮玉之山，東望諸毗。郭璞注云：諸毗，水名也。按浮玉山在安吉，則雪水之發源也。言東望溪浦，槎牙相毗，並匯於太湖，因名之。梁吳均《和柳惲毗山亭》詩曰：平湖曠復遠，高樹峻而危。」但是諸毗在東而不是北，所以毗山、毗水未必可信，相毗更是牽強附會。首山櫃山之北的諸毗，指雷池等沼澤。《西次三經》說槐江山西望大澤，北有諸毗，也是沼澤。我認為諸毗源自草，柯爾克孜語的草是 siber，維吾爾語是 chöp，哈薩克語是 şöp，土耳其語是 çimen，對應漢語的叢薄、草莽。漢語的濕 thap、英語的沼澤 swamp 也是同源字，沼澤、濕地多草。

第 8 山成山在浮玉山（天目山）之東，四方而三壇，即餘杭瓶窯鎮的良渚文化大型人工土山莫角山，高 8 米，面積 30 餘萬平方米，呈規整的矩形，山上有成品字形分布的三座土臺，分別高 6 米、3 米、4.5 米。此山是良渚文

化中心，三座土臺很可能是祭壇。〔註22〕成山上多金玉，下多青䕶，應是良渚文化玉器，當時還很容易發現。

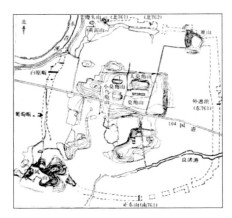

成山古城遺址、成山城牆（周運中攝）

　　成山指城山，莫角山周圍發現良渚文化古城，列入 2007 年中國十大考古發現。古城南北 1800～1900 米，東西 1500～1700 米，總面積約 290 多萬平方米。城牆底部鋪石，上用黃色黏土堆築，底部寬 40～60 米，現存較好地段高約 4 米。城牆內外均有壕溝，壕溝邊緣有良渚文化晚期堆積。西牆的白原

〔註22〕浙江省文物考古研究所：《餘杭莫角山遺址 1992～1993 年的發掘》，《文物》
　　　　2001 年第 12 期。

畈段發現一個良渚文化晚期灰坑打破城牆，古城下限在渚文化晚期。戰國時，古城應有突出的城垣，還能找到很多文物，很多學者認為此山是良渚文化古國的都城。

成山（莫角山）東北有雉山、前山兩個小山，西南有小山鳳山，西北有饅頭山和黃泥山兩個小山。西面是苕溪，南面有小河廟橋港，東流是良渚港，經良渚鎮通往杭州。

成山所出的河流，南流注入虖勺，下文又有虖勺山，此處的虖勺在今杭州西北，不是下文的虖勺山。虖勺和湖熟、姑蘇是同源字，漢代丹陽郡胡孰縣在今南京湖熟鎮。我已經證明源自草，日語的草是 kusa，印地語是 ghas，德語是 gras，英語是 grass，姑蘇（姑胥）是 kasa，也即渠搜（巨蒐）、姑臧、哥舒、斛薩、哈薩克 Khzakh 的由來。〔註23〕伏羲的母親稱為華胥氏，也即赫胥氏，源自草。海洋的日語是 wata，南島語是 wasa，源自窪 oa、濊 uat，英語的水 water、漢語的活 kuat 都是同源字，可見水、草是同源字。我已經考出伏羲、布依、武夷都是源自魚，壯語的魚是 bya，〔註24〕所以華胥在大澤生伏羲。我已經考證伏羲和蠵鼊是同源字，〔註25〕伏羲轉為蠵鼊，華胥也轉為龜鱉的別名元緒，也是因為在水中。

第 9 山會稽山在今紹興之南，從成山到會稽山的距離太遠，第 10～12 山應該在會稽山之西，原文有錯簡。如果第 10～12 山仍然是從西向東，第 10 山夷山是海山，《越絕書》卷三《吳內傳》有一段記錄古越語的珍貴文字，是句踐的軍令漢譯，說：「夷，海也。」夷山之東的兩山都不流出河流，是很小的山。夷山有河流出，應該更大。夷山在海邊，所出之水，南流入列塗，可能是海塗。夷山應在杭州，可能是皋亭山（361 米），上古的杭州城東還是灘塗。蕭山北部的航塢山之名源自船塢，《越絕書・記地傳》：「杭塢者，句踐杭也。二百石長，買卒七士人，度之會夷。去縣四十里。」航（杭）塢山渡海到北岸是會夷山，正是第 10 山夷山。侗臺語的賓語在前，會夷即夷會，會即山，會稽是稽山。

第 11 山僕勾山，可能是今蕭山附近諸山，從不出河流來看，很可能是蕭山東北部的長山或航塢山。此山多草木，很可能是航塢山，因為航塢山更大。

〔註23〕周運中：《九州考源》，花木蘭文化事業有限公司，2019 年，第 212～213 頁。
〔註24〕周運中：《百越新史》，花木蘭文化事業有限公司，2020 年，第 19～27 頁。
〔註25〕周運中：《中國文明起源新考》，第 140～143 頁。

長山靠近蕭山西南的諸山，河流更多。航塢山是晚出的地名，僕勾山是原來的土俗地名，源自野水牛。

第 12 山咸陰山可能是馬鞍鎮、斗門鎮之間的一些小山，最高的一座，古名馬鞍山，今名駝峰山，225 米，咸陰指潟湖的鹹水。

第 13 山洵山，出洵水，南流入闊澤，闊有阻塞的意思，又通淤，闊澤可能是淤澤，是上古紹興東北或上虞北部的海岸沼澤。古代曹娥江口在今上虞附近，沿海有很多沼澤。此山有河，應該比較大，可能在今上虞東北部。

第 14 山虖勺山，出滂水，東流入海。滂水應是餘姚江，東入甬江，再入海。虖勺山多梓、楠、荊、杞，在今上虞東北或餘姚西北。

第 15 區吳山、16 鹿吳山出鹿水、澤更水南流入滂水，則二山應在今慈谿南部和餘姚、寧波交界處。澤更水或許源自沼澤，侗臺語的賓語在前，澤更即更澤。今慈城鎮南部和餘姚江之間有一些小山，這些小山之間容易形成沼澤，所以澤更水很可能在今慈城鎮，鹿吳山在今慈城鎮北部。慈城鎮是古代的慈谿縣城，可見古代此地重要。

最後第 17 山漆吳山在東海之濱，應在今慈谿東南部海濱或寧波市東部。其山東望丘山，丘山應在舟山群島。

浮玉山（天目山）之前的 9 座山應在今皖南，譚其驤認為首山櫃山西望流黃，即《海內經》巴國之後的流黃酆氏國，從而櫃山在湖南西部的巴地。我認為湘西太遠，中間的湘、贛二省北部是《中次十二經》地域，櫃山不可能在湘西。流黃不是專名，《海經》還有西北的流黃辛氏。衛挺生認為此篇全在浙江，地域又太小。第 7 山句餘山，郭璞注：「今在會稽餘姚縣南、句章縣北，故此二縣因此為名雲。見張氏《地理志》。」譚其驤從之，指為今四明山，其實這是古人望文生義，句餘是越語漢譯，不能拆開。漢人經常曲解漢譯的越語地名，以為無錫是指沒有沒有錫、烏傷是烏鴉受傷。

第 4 山羽山下多水，上多雨，應為黃山，多雲雨。《太平御覽》卷四六黟山引《歙縣圖經》：「（北黟山）舊名黃山，天寶六年敕改焉……其諸峰悉是積石，有如削成，煙嵐無際，雷雨在下」。黃山原名黟山，黟的上古音為喻母歌部 jiai，羽為喻母魚部 jia，非常接近，羽山就是黟山，羽山是雨山。浮玉山（天目山）和羽山（黃山）之間的堯光山、勾余山，在今績溪縣南的昱嶺（西天目山）或縣北諸山。

第 3 山堯光山應在今安徽東至縣，《元和郡縣圖志》卷二八宣州至德縣：

「堯城在縣南四百里，舜城在縣北二十里，舊傳兩帝南巡至此。」《太平寰宇記》卷一百五池州建德縣：「舜井城在縣南四里。舊傳帝堯南巡至此城。」東流縣：「歷山在縣東三十里，西枕歷池，上有堯舜二廟。」堯舜不可能到江南，這是由堯光山引發的傳說。1959 年，東流、至德縣合併為東至縣，今縣治堯渡鎮，堯光山應在縣西南。江西湖口縣有舜德鄉，《太平寰宇記》卷一百七饒州鄱陽縣：「堯山，在縣西，水路三十里。《鄱陽記》云：堯九年大水，人居避水，因以為名。或遇大水，此山不沒，時人云此山浮。」饒州：「按徐湛《鄱陽記》云：北有堯山，嘗以堯為號。又以地饒衍，遂加食為饒。今《郡國志》又云：以山川蘊物珍奇，故為饒。」我認為饒州源自饒姓，大英博物館所藏敦煌文書斯－2052 號《新集天下姓氏族譜一卷並序》記載，〔註26〕豫章郡（洪州）大姓有洪，鄱陽郡（饒州）大姓有饒，宜春郡（袁州）大姓有袁，州名源自大姓。今日饒氏主要分布在江西省，〔註27〕所以堯光山很可能也得名於饒氏。

堯光 ngyô-guang 音近玉 ngiok，《禹貢》揚州的瑤琨就是玉，〔註28〕或許因為產玉而得名，東至縣確實出產水晶石。

堯光山有獸，狀如人而彘鬣，穴居而冬蟄，名曰猾褢。冬眠的是熊，《史記‧楚世家》記載楚王祖先姓熊，楚簡熊字寫作酓，讀音從今的上古音 kiəm，接近日語的熊 kuma、韓語的熊 gom，褢疑是誤字，猾褢即熊。

第 2 山長右山在堯光山之西，「有獸焉，其狀如禺而四耳，其名長右，其音如吟」，如禺（猴子）善吟的長右是長臂猿，右、猿音近，長右就是長猿。唐代氣溫尚暖，李白的詩多次提到皖南的長臂猿，《宣城清溪》：白猿初相識，《秋浦歌十七首》：秋浦猿夜遊（其二）、猿聲催白髮（其四）、秋浦多白猿（其五）、潤潤白猿吟（其十），《遊秋浦白笴陂二首》：猿影掛寒枝，《夜泊黃山聞殷十四吳吟》：猿嘯時聞岩下音，《寄崔侍御》：宛溪霜夜聽猿愁，《宣城清溪》：白猿初相識，《宿清溪主人》：啾啾夜猿起，《與周剛清溪玉鏡潭宴別》：萬壑盡猿啼，《別山僧》：相思一夜暝猿啼，《下涇縣陵陽溪至澀灘》：兩山足猿猱。此山應在今江西省東北，或在彭澤縣境。

〔註26〕毛漢光：《敦煌唐代氏族殘譜之商榷》，《歷史語言研究所集刊》第 43 本，1971年。

〔註27〕袁義達主編：《中國姓氏‧三百大姓——群體遺傳和人口分布》，華東師範大學出版社，2007 年，下冊第 277 頁。

〔註28〕周運中：《九州考源》，第 242～243 頁。

　　第 5 山名為瞿父山，就是舉父山，瞿、舉都是見母魚部 kia，《西次三經》崇吾山：「有獸焉，其狀如禺而文臂，豹虎而善投，名曰舉父。」郭璞：「或作夸父。」《爾雅·釋獸》：「貜，迅頭。」郭璞注：「今建平山中有貜，大如狗，似獼猴。黃黑色，多髯鬣，好奮迅其頭，能舉石摘人。貜類也。」建平郡在今三峽，貜音同據，據是見母魚部，誇是溪母魚部 khoa，舉父是獼猴，《說文》：「禺，母猴屬，頭似鬼。似獼猴而大，赤目長尾，亦曰沐猴。」沐猴即獼猴，因為舉石擊人，故名舉父。

　　首山櫃山，出英水，西南流入赤水。疑是今都昌縣北部的三尖源山（647米），都昌縣東南三汊港鎮有赤岸村，靠近西湖。櫃山西臨流黃，多丹粟，《海內經》巴國有流黃，出塵土，其實是朱砂（硫化汞 HgS）。都昌縣三汊港南部的西源村，恰好就有朱砂礦，即丹粟。

　　再向西，鄱陽湖之西是《中次十二經》，所以本篇的西端在鄱陽湖的東岸。鄱陽湖至今仍然是長江中游和下游的分界點，當時鄱陽湖之西是楚地，鄱陽湖之東是吳越之地，江西是在吳頭楚尾。所以作者以鄱陽湖為界，其東歸入《南山經》，其西歸入《中山經》。司馬遷認為吳越是東楚，《山海經》的作者認為東楚、南楚都是南方。

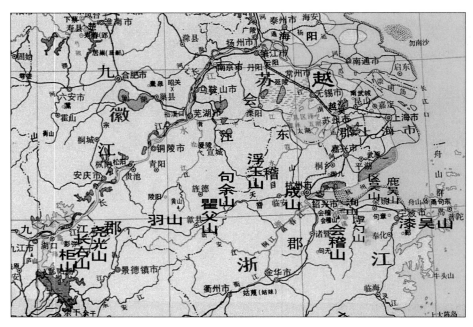

《南次二經》示意圖

《南次二經》諸山位置表（▼指位置確定）

	山　名	位　置	所出之水	流　向
1	櫃　山	湖口、都昌		
2	長右山	江西彭澤		
3	堯光山	安徽東至西南		
4	羽　山	黃山▼		
5	瞿父山	安徽歙縣		
6	句餘山	西天目山▼		
7	浮玉山	東天目山▼	苕水（苕溪）	具區（太湖）
8	成　山	餘杭莫角山▼	閾水	虖勺水
9	會稽山	會稽山▼	勺水	湨水
10	夷　山	紹興	湨水	列塗（海塗）
11	僕　勾	紹興或上虞		
12	咸陰山	上虞		
13	洵　山	上虞或餘姚	洵水	閼澤
14	虖勺山	四明山▼	滂水（姚江）	海（東海）
15	區吳山	浙江慈谿南部	鹿水	滂水
16	鹿吳山	慈谿南部	澤更水	滂水
17	漆吳山	慈谿或寧波		

第三節　《南次三經》地理

　　本篇自西向東 13 山，侯仁之《山經今地示意圖》未標。譚其驤從郝懿行之說，誤認為首山天虞山為夫盧山之訛，夫盧山在今四會。

　　第 2 山禱過山出泿水，南流注海，《水經注》卷三七：「泿水出武陵鐔成縣北界沅水谷，《山海經》曰：『禱過之山，泿水出焉，而南流注於海』是也。南至鬱林潭中縣，與鄰水合。水出無陽縣，縣故鐔成也，溪水南歷潭中，注於水。」同書《溫水注》則云泿水在潭口以下注入鬱水，泿水應是今廣西洛清江或融江，〔註29〕禱過山應在黔東南的洛清江或融江源頭。融江源頭距離下

<hr>

〔註29〕陳橋驛認為是今洛清江，見《水經注全譯》，貴州人民出版社，1996 年。白耀天認為是今融江，見《水經注關於廣西水道傳述說略》，《歷史地理》第十二輯，上海人民出版社，1995 年。

文諸山太遠，泿水應是洛清江，禱過山在今臨桂縣北界的天平山。首山在其西，應在龍勝縣南部。

張步天誤考泿水為融江支流龍江，誤以為禱過山在今宜山縣。既以為令丘山在今萌渚嶺，又以為俞者山是《廣東通志》新會西部的俞山，又以為陽禺山在番禺。錯亂不堪，先從五嶺突然飛到新會，又向北回到番禺，與原文自西向東的方向不合，顯然有誤。郭世謙把本篇諸山至於山西東南，更是南轅北轍。

天虞、禱過的讀音接近，也接近《海外東經》、《大荒東經》的天吳，天吳就是虎，詳見《海外東經》。

第 3 山丹穴山即丹砂礦井，《史記·貨殖列傳》巴寡婦清祖先得丹穴。廣西產丹砂，南宋范成大《桂海虞衡志·志金石》、周去非《嶺外代答》有記。靈川縣公平鄉新江村等地有丹砂礦，在洛清江源頭之東，丹穴山應在此處。〔註30〕

第 5 旄山之尾，南有谷曰育遺，出凱風。第 10 令丘之山，南有谷，曰中谷，出條風。凱風為南風，條風為東北風，旄山、令丘山在大風通道。衡陽以下零陵至桂林段受越城嶺、海洋山約束，風速很強，冬季多北風、東北風，夏季多南風、西南風，〔註31〕旄山之尾或在桂林附近。

第 7 陽夾山疑即《漢書·地理志》零陵郡湘江源頭的陽海山（今海洋山），夾、母二字的篆書極近，疑海字誤為夾。

第 8 灌湘山應即灌水（今灌江）源頭之山，湘江同源一山，故名灌湘山。小川琢治以為灌湘山在灌、湘之間得名，即海洋山，今海洋山即陽海山之誤，本篇多有錯簡。

第 4 山發爽山，出汎水，南流入海，應在漢代的馮乘縣，發爽 piuat-ʃiang 音近馮乘 biəng-dziəng、萌渚 meang-tɕia，馮乘縣城在今江華縣西南，發爽山是今姑婆山，南流的水就是封水（今富江），讀音接近。《海經》多次出現的氾林，就是封林，可見《山經》和《海經》的方言吻合。西漢有封陽縣在賀江下游，馬王堆《地形圖》稱賀江流域為封中。發爽的讀音接近扶桑，扶桑的原型

〔註30〕畢沅曰：「《爾雅》云：距齊州以南戴日為丹穴，丹穴之人信。《莊子》云，越王子搜逃乎丹穴。又《說文》曰鳳凰莫宿風穴，風當為丹。」越國王子所在丹穴應在江南，不可能在嶺南。

〔註31〕中國科學院《中國自然地理》編輯委員會編：《中國自然地理：氣候》，科學出版社，1984 年，第 147 頁。

是榕樹，則馮乘縣名可能源自榕樹，現在姑婆山確實有榕樹。

第 6 山非山之首，應是服嶺，也即《水經注》卷三八的符靈岡，在今富川縣西北，非、服、符音近。

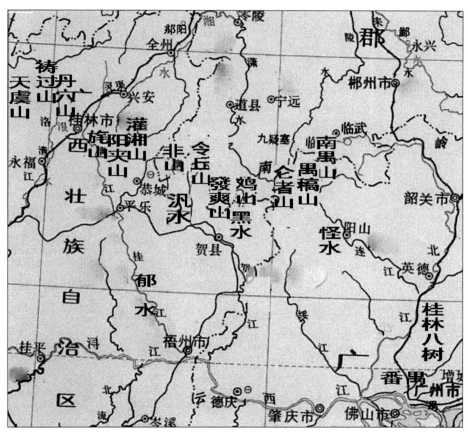

《南次三經》示意圖

《南次三經》諸山位置表（▼為確定為某山）

次序	山名	位　　置	所出之水	流　　向
1	天虞山	龍勝縣南		
2	禱過山	臨桂縣天平山▼	浪水（洛清江）	南入海（南海）
3	丹穴山	靈川縣	丹水	南入渤海（南海）
4	發爽山	江華姑婆山▼	汎水（富江）	南入渤海（南海）
5	旄山之尾	桂林市		

6	非山之首	桂林市東		
7	陽夾山	海洋山▼		
8	灌湘山	灌陽海洋山▼		
9	雞　山	江華東南▼	黑水（賀江）	南入海
10	令丘山	江華東南		
11	侖者山	江華、連州間		
12	禹槀山	江華、連州間		
13	南禹山	連州北	佐水（連江）	東南入海（南海）

第 9 山雞山出黑水，即賀水，是今桂嶺江，雞山在今江華縣東南，今有金雞畔村。賀江注入珠江，作者誤以為獨立入海，他不熟悉嶺南。

第 10 令丘山在今富川縣東北，其南有中谷，今富川縣北有寬闊的谷地，是重要的通道。

第 13 南禹山，下多水，有穴，水春則入，夏乃出，冬則閉，前人指出這是岩溶地貌，〔註32〕應是消溢水洞。〔註33〕李錦芳指出番禺的番是侗臺語村寨 ban，泰語、傣語、武鳴壯語 baan，老撾語、布依語、毛南語 baan，德宏傣語 maan。〔註34〕鄭偉認為禺是侗臺語的大、長大 ŋəm，泰語為 jai，老撾語是 ŋai，西雙版納傣語是 jai，德宏傣語是 jauu，臨高語 ŋɔ，番禺原義是大村。〔註35〕我認為南 nam 是侗臺語的水，禺是大，南禹即大水。南禹山出佐水，東南入海，是連江，下游是北江，原來在今三水縣獨立入海。江華縣沒有岩溶地貌，連州有岩溶地貌。古代的連江上游有桂陽縣，連江原名是桂水，音轉為怪水，佐是怪的形訛。南禹山在連江源頭，在今連州北部。第 11 侖者山、第 12 禹槀山，在江華縣、連州市之間。

第四節　《南山經》與戰國形勢

楚國和吳國的邊境就是《南山經》首篇，楚國和越國的邊境就是《南次二經》，楚國和嶺南百越的邊境就是《南次三經》。

〔註32〕中國科學院自然科學史研究所地學史組主編：《中國古代地理學史》，科學出版社，1984 年，第 54 頁。
〔註33〕袁道先主編：《岩溶學詞典》，地質出版社，1988 年，第 24 頁。
〔註34〕李錦芳：《侗臺語言與文化》，民族出版社，2002 年，第 292 頁。
〔註35〕鄭偉：《漢語音韻與方言研究》，上海三聯書店，2012 年，第 150 頁。

　　春秋時，吳、楚興起。楚靈王三年（前 538 年）七月，楚會諸侯伐吳，佔領朱方（今鎮江）。吳王僚八年，吳伐楚，至居巢（今巢湖）。次年，楚國邊境卑梁邑（今天長西北）的女子和吳國邊境的女子打起來，卑梁的長官發兵滅了吳的邊城。吳王發怒，發兵佔領楚居巢和鍾離（今鳳陽），說明當時吳、楚邊界大是今日蘇皖兩省界。

　　楚國的核心之地食用西南的井鹽，而北部的廣闊地方食用江蘇的海鹽，所以江蘇沿海對楚國非常重要。1982 年盱眙縣南窯莊發現了戰國時齊國的陳璋圓壺，內有 20 公斤的金器。2007 年大豐劉莊鎮友誼村出土了 20 枚楚國郢爰金幣，證明楚國非常重視鹽場。《南山經》首篇是楚國從淮河中游穿過裏下河，到鹽城的鹽場最近路線。在這條路上的金湖縣也發現了楚國的金幣，另有鹽字金幣可能來自鹽城。楚國末年的都城壽春（在今安徽壽縣），靠近《南山經》首篇的西端，也和海鹽的西運有關。

　　戰國時期，吳為越滅，《史記·越世家》：「句踐已平吳，乃以兵北渡淮，與齊、晉諸侯會於徐州，致貢於周。周元王使人賜句踐胙，命為伯。句踐已去，以淮上地與楚。歸吳所侵宋地於宋，與魯泗東方百里。當是時，越兵橫行於江、淮東，諸侯畢賀，號稱霸王。」《楚世家》「（楚惠王）四十四年，楚滅杞。與秦平。是時，越已滅吳而不能正江、淮北。楚東侵，廣地至泗上。」楚國得到江淮以北的泗水流域，《楚世家》記載楚簡王元年（前 431）北伐滅莒（今莒縣）。淮南沿江之地近越，可能仍屬越國。

　　王國維輯《古本竹書紀年》：「於越子朱句三十四年，滅滕……晉烈公四年，越子朱句滅於滅郯，以郯子鴣歸。」〔註 36〕《戰國策·魏策四》：「繒恃齊以撼越，齊和子亂，而越人亡繒。」楊寬考訂越滅滕（在今滕州）、滅郯（在今郯城）、滅繒（在今蘭陵），在前 414、413、405 年。〔註 37〕對照《越世家》可知王翁即朱句，朱句北伐，對應《越絕書》所句踐之後幾個越王時霸的年代。這時越國已經穩定，在中原諸國混戰時乘機北上。

　　朱句之後的王翳三十三年，遷都到吳（今蘇州）。三十六年七月，太子諸咎殺其君翳。十月，越人殺諸咎、越滑，吳人立孚錯枝為君。明年，大夫寺區定越亂，立初無餘。越國內亂，不暇北顧，莒、滕、郯、繒等地被齊國佔領，沿淮之地也被楚國佔領。《楚世家》記載威王七年（前 333 年）伐齊，敗齊於

〔註 36〕方詩銘：《古本竹書紀年輯證》，上海古籍出版社，2005 年。
〔註 37〕楊寬：《戰國史料編年輯證》，上海人民出版社，2001 年。

徐州。《正義》引《竹書紀年》「梁惠王三十年（前 371 年），下邳遷於薛，改名徐州」，可知徐州即薛（今滕州）。齊國採取守勢。《田敬仲完世家》齊威王二十四年（前 333 年），威王曰：「吾臣有檀子者，使守南城，則楚人不敢為寇東取，泗上十二諸侯皆來朝。」南城在今平邑縣魏莊鄉武城村，〔註 38〕漢代東海郡有南城縣。西通滕、薛，東通沂水，位置很重要。

越國內亂結束，又北進江淮。《史記‧六國年表》楚懷王十年，城廣陵，平勢隆郎認為在楚威王十年，擬為前 337 年。但是我們結合六年後越國伐楚來看，應在楚懷王十年。《史記‧越世家》：

> 王無彊時，越興師北伐齊，西伐楚，與中國爭彊。當楚威王之時，越北伐齊，齊威王使人說越王……越王曰：「……願魏以聚大梁之下，願齊之試兵南陽莒地，以聚常、郯之境，則方城之外不南，淮、泗之間不東，商、於、析、酈、宗胡之地，夏路以左，不足以備秦，江南、泗上不足以待越矣……越王曰：「奈何？」曰：「楚三大夫張九軍，北圍曲沃、於中，以至無假之關者三千七百里，景翠之軍北聚魯、齊、南陽……越窺兵通無假之關，此四邑者不上貢事於郢矣……」於是越遂釋齊，而伐楚。楚威王興兵而伐之，大敗越，殺王無彊，盡取故吳地至浙江，北破齊於徐州。而越以此散，諸族子爭立，或為王，或為君，濱於江南海上，服朝於楚。

楊寬根據楚北圍曲沃、於中和北聚魯、齊、南陽，認為在楚懷王十六年（前 331 年），不在楚威王時。齊有南陽、莒地，直到常（今邳州）、郯（今郯城）之境。楚國佔有泗水流域南部和江南，鄂君啟節大司馬昭陽敗晉師於襄陵之歲，《史記》在楚懷王六年，銘文說：「庚松陽，內瀘江，庚爰陵。」最東端的松陽即今安徽樅陽，瀘江即今安徽青弋江，爰陵即宛陵（今宣城）。〔註 39〕當時楚國東境在今安徽境內。淮南還屬越國，所以次年越國送了大量軍資給魏國。《水經注‧河水》引《竹書紀年》：「魏襄王七年，秦王來見於蒲阪關。四月，越王使公師隅來獻乘舟，始罔及舟三百，箭五百萬，犀角象齒焉。」雷學淇《竹書紀年義證》卷四考證秦王即秦惠文王，《秦本紀》：「惠王

〔註 38〕山東省文物局編制：《中國文物地圖集》山東分冊，中國地圖出版社，2007年，上冊第 303 頁，下冊第 781 頁。
〔註 39〕譚其驤：《鄂君啟節銘文釋地》、《再論鄂君啟節銘文地理答黃盛璋同志》，《長水集》下冊。

後元十二年，王與梁王會臨晉。」《魏世家》：「（襄王）六年，與秦會臨晉。」雷學淇說：「蓋會在此年孟春，《史記》誤以為前年。」此事在秦惠王後元十三年，也即楊寬年表的楚懷王十七年。越國是聯魏抗楚，《越世家》越王要魏國出兵大梁，配合越國伐楚吻合。楚國在廣陵築城，阻止越國北上。越國或奪回廣陵，或者從海口入淮，聯合魏國。正是因為楚國和吳國、越國在江淮丘陵長期爭戰，所以《南山經》首篇就是江淮丘陵。

江西省基本上不在《山經》，因為楚人很晚進入江西。上古文獻記載的江西地名極少，僅有鄂君啟節銘文的彭澤和《山海經》的梟陽。《南次二經》前段從皖南到浙西天目山，後段從餘杭經杭州、紹興到寧波，不是一列山脈。顯然《南次二經》不能用自然地理解釋，而有社會原因。《越世家》記載楚國滅越，越國殘部在江南海上，江南指浙江（今錢塘江）以南。《秦始皇本紀》：「王翦遂定荆江南地，降越君，置會稽郡。」這個江南可能也是浙江之南，後世的江南，當時稱為江東，而安徽的中部稱為江西，見《項羽本紀》。湖南常德出土的夕陽坡戰國楚簡：「越甬君嬴將其眾以歸楚之歲。」甬君是甬地（今寧波）君主，他歸楚的年代是楚懷王二十二年（前307年）。〔註40〕寧紹雖在浙江之南，畢竟是平原，易為楚人控制，所以《南次二經》從皖南東至寧紹。

《南次二經》起自江西省的東北部，是吳越和楚的邊塞要地，《吳世家》闔閭：「十一年，吳王使太子夫差伐楚，取番。楚恐而去郢徙都。」《左傳》定公六年：「四月己丑，吳大子終累敗楚舟師，獲潘子臣、小惟子及大夫七人。楚國大惕，懼亡。子期又以陵師敗於繁揚。令尹子西喜曰：乃今可為矣。於是乎遷郢於都，而改紀其政，以定楚國。」番即潘，是今河南固始縣的潘國，有學者誤以為是江西鄱陽。〔註41〕《左傳》哀公二十年：「吳公子慶忌驟諫吳子，曰：不改，必亡。弗聽。出居於艾，遂適楚。」艾可能在今修水流域，西漢有上艾縣。《越絕書》卷八：「大越故界，浙江至就李，南姑末、寫幹……姑末，今大末。寫幹，今屬豫章。」寫幹是餘干，越國西界到達贛東北。

杭州以東的諸山，除了越國都城以南的會稽山，多數是蕭山、會稽、上虞、慈谿沿海的小山，因為南方的大山是越人的山林，外人難以進入。

〔註40〕 李學勤：《越甬君嬴將其眾以歸楚之歲考》，《古文字研究》第二十五輯，北京：中華書局，2005年。
〔註41〕 彭適凡：《江西通史》先秦卷，江西人民出版社，2008年，第237頁。

　　鄂君啟節：「上江，內湘，庚　　，庚洮陽。」洮陽在今廣西全州西北，《戰國策・秦策三》蔡澤說楚國南收楊越，《史記・吳起傳》說楚國南平百越，《後漢書・南蠻傳》：「吳起相悼王，南並蠻越，遂有洞庭、蒼梧。」楚國疆域已到嶺南，《淮南子・人間訓》：「乃使尉屠睢發卒五十萬為五軍，一軍塞鐔城之嶺，一軍守九疑之塞，一軍處番禺之都，一軍守南野之界，一軍結餘干之水，三年不解甲弛弩。使監祿轉餉，又以卒鑿渠以通糧道。」《南次三經》次山禱過山在鐔城之嶺的南部，尾端的南禺山在萌渚嶺南端，全篇是楚國的南疆，跨湘桂、恭城河、賀江三個南北向谷地，都是交通要道。首山再往西北，山高林密，至今仍是南方民族聚居處，因此本篇起自此處。

　　廣西灌陽縣出土的一件銅戈，具有早期楚器風格，可能是西周時物品。恭城縣出土的春秋晚期到戰國早期東周青銅器，與中原地區頗多共同之處。平樂縣銀山嶺戰國墓可能在戰國晚期到秦漢時，與湖南的楚墓及出土器物有很多共性。〔註42〕這說明現在的廣西的東北部，在先秦時期和楚地有密切接觸。

　　《南次三經》終點在賀江上游，因為賀江在戰國秦漢之際是嶺南和湖南之間最重要道路。西漢在賀江流域有富川（治今鍾山）、臨賀、封陽（治今賀州南部）、廣信（治今封開）四縣，是嶺南縣治最密之地。其西部的灕水（灕江）流域只有始安縣治今桂林。其東部的洭水（今連江）流域只有桂陽（治今連州）、含洭（治今英德）兩縣，再東的秦水（今武水）流域只有臨武（治今臨武）、曲江（治今韶關）兩縣，北江下游有中宿縣，治今清遠。在今江永縣南部有謝沐縣，在今江華縣南部有馮乘縣，在今道縣有營浦縣，在今藍山縣有南平縣、齕道縣，在今寧遠縣有營道、泠道、舂陵縣，在今永州市有泉陵縣。馬王堆出土《地形圖》上，賀江流域被稱為封中，即封水流域。這是圖上嶺南唯一地名，說明賀江很重要。長沙漢墓出土廣信令印，現在封開縣仍有賀江支流廣信河，賀州金鐘村西漢前期墓出土左夫人玉印，所以邱立誠認為廣信縣在今封開江口。東漢的交趾刺史駐廣信縣，建安十五年（210 年）移到番禺縣（今廣州）。孫吳永安七年（264 年）分交州，立廣州，源自廣信。他

〔註42〕廣西壯族自治區博物館：《近年來廣西出土的先秦青銅器》、廣西壯族自治區博物館：《廣西恭城縣出土的青銅器》、廣西壯族自治區文物工作隊：《平樂銀山嶺戰國墓》，廣西壯族自治區文物工作隊編：《廣西文物考古報告集 1950～1990》，廣西人民出版社，1993 年。

還指出先秦嶺南最發達的青銅文化在西江流域，南北文化交流乾道在西江流域，而非北江流域。〔註43〕

　　《南山經》三篇不是楚國所有的邊境，但這三篇在自然地理上卻很有代表性，首篇是長江流域和淮河流域分水嶺，次篇前半部分是長江流域和錢塘江流域分水嶺，後半部分是浙東沿海諸山，第三篇是長江流域和珠江流域分水嶺。可見古人著書頗有章法。雖涉及福建、廣東，不過《水經》和《水經注》仍然不提福建，因此《山海經》的這些空白不算落後。古史地理，研究頗難。考證中鵠，則處處合契。若有舛誤，則紕漏四綻。今人或未深考，不得正解，就厚誣古人，所謂《南山經》三篇順序顛倒，現在看來，都是淺論。

〔註43〕邱立誠：《從封開地區史前期考古文化看廣信作為嶺南首府的歷史背景》、《嶺南地區的青銅文化》，邱立誠：《粵地考古求索──邱立誠論文選集》，科學出版社，2008 年。

第二章　《西山經》地理

《西山經》地域範圍在今陝西、甘肅、寧夏、青海、新疆和阿富汗等地，前人考訂多有錯漏，尤以《西次三經》偏在西域，遠涉蔥嶺，中含崑崙，道途懸遠，謎團迭出，最為難考，今重加考訂。

第一節　《西山經》首篇地理

《西山經》首篇為今秦嶺山脈，從華山西迤約至西傾山。除第 11 山時山及其所出逐水外，畢、譚皆有考證。

首山是華山之首錢來山，次山松果山出濩水，《水經注》卷四《河水》：

> 濩水注之，水出松果之山。北流逕通谷，世亦謂之通穀水，東北注於河，《述征記》所謂潼谷水者也。或說因水以名地也。

濩水即今陝西省潼關縣潼峪河，《西山經》第 2 山松果山在縣西南。首山錢來山也應在今潼關縣南，畢沅疑錢來為泉來，其實不是泉來，而是泉鳩。《水經注》卷四《河水》：

> 河水又東逕閿鄉城北，東與全鳩澗水合。水出南山，北逕皇天原東。《述征記》曰：全節，地名也。其西名桃原，古之桃林，周武王克殷，休牛之地矣。《西征賦》曰：咸徵名於桃園者也。《晉太康地記》曰：桃林在閿鄉南谷中。其水又北流注於河。

《水經注》的泉鳩澗夾在松果山、夸父山之間，夸父山即《中次六經》倒數第二山，最末是陽華山，所以《中次六經》與本篇首尾銜接。陽華山應和華山有關，而錢來山只能是泉鳩澗源頭之山。《中次六經》夸父山：「其北

有林焉，名曰桃林，是廣員三百里。」桃林在全節（全鳩）之西，錢為精母元
部 tsian，全為從母元部 dziuan，旁紐，疊韻。來，疑為節之形訛壞字，來字
上方形似竹字。

《太平寰宇記》卷六陝州湖城縣：

> 戾太子陵，在縣南十六里，高百五十尺。
>
> 全鳩水，一名全節水，戾太子亡匿處。

暴君漢武帝劉徹，對內專制獨裁，對外窮兵黷武，最終家破子亡，得到
應有的報應。太子劉據被迫逃到湖縣山中，被人發現而自殺，死後被罵為戾
太子。所以全鳩水應在今靈寶西部，不到潼關縣，因為潼關縣地為閿鄉縣
境。則全鳩水是今文峪河，文峪得名於閿鄉，讀音相同。所以錢來山與陽華山相
連，兩山在今靈寶市、潼關縣界上。錢來山可能是潼關縣東南的八道老峰
（2132 米），所出的諸河向東北流入靈寶市西部的文峪河。

《太平寰宇記》卷六閿鄉縣：「秦山，一名秦嶺山，在縣南五十里。」其
下引《山海經》錢來山、松果山、華山、夸父山等，即今潼關縣南部。卷二十
九華陰縣：「松果山，在縣東南二十七里。」應在華陰縣、潼關縣界。

第 3 山太華山即今華陰縣南的華山（海拔 2083 米），四周峭壁，確實如
刀削成，第 4 山小華山（少華山）在華山之西。

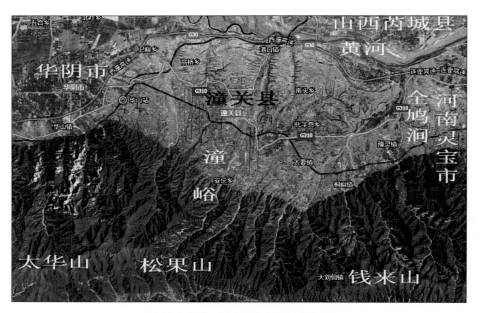

《西山經》首篇最東段示意圖

第5山符禺山出符禺水，北流注入渭河，《水經注》卷十九《渭水》：

> 渭河又東，敷水注之，水南出石山之敷谷……而北流注於渭。

此敷水似即符禺水，即今華陰縣西的大敷峪河，但是此山在太華、少華山之間，而且《太平寰宇記》卷二十九華縣：「符禺山，在縣西南一百里，高一百丈。」則此山在今華縣西南，符禺水是《水經注》西石橋水，又名新鄭水。

第6山石脆山出灌水，注入禺水，第7山英山出禺水，注入招水，《水經注》卷十九《渭水》：

> 小赤水即《山海經》之灌水也，水出石脆之山，北逕蕭加谷於
> 孤柏原東西，東北流與禺水合，水出英山，北流與招水相得，亂流
> 西北注於灌，灌水又北注於渭。

小赤水（灌水）為今東澗峪，禺水為西澗峪，則第6山石脆山、第7山英山都在華縣西南草鏈嶺（2646米）西南。《水經注》說灌水入渭，其實是並大赤水入渭，招水也是大赤水支流。

第8山竹山出竹水，北流入渭，《水經注》卷十九《渭水》：

> 渭水又東逕下邽縣故城南……渭水又東與竹水合，水出南山竹
> 山北，逕媚加谷，歷廣鄉原東，俗謂之大赤水，北流注於渭。渭水
> 又東得白渠口。

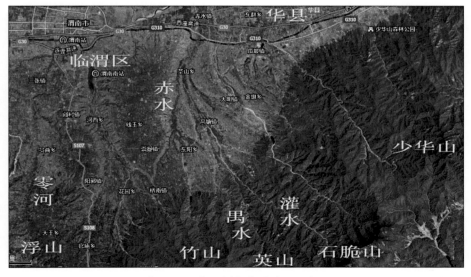

《西山經》首篇中東段示意圖

此竹水（大赤水）為今華縣西的赤水河，則第 8 山竹山為今箭峪嶺（海拔 2449 米），可能因為竹箭得名。

第 9 山浮山，《水經注》卷十九《渭水》：

> 渭水又東，泠水入焉，水南出肺浮山，蓋麗山連麓而異名也。

泠水為今臨潼縣東零河，浮山，畢沅釋作肺浮山。此山在今臨潼區東南與藍田縣金山鄉界上，即金山（1126 米）。《長安志》：「《水經注》浮肺山，一作肺浮山。」趙一清認為《水經注》原本為浮肺山。楊守敬《水經注疏》按《太平寰宇記》卷二十七雍州昭應縣作浮肺山，認為原本作浮肺山。

第 10 山羭次山，出漆水，畢沅已經指出《水經注》把渭河北岸的支流橫水河當作漆水是錯誤的，漆水應是《水經注》所引《開山圖》長安西面的柒渠，[註1] 我認為此說不確。柒渠不知其詳，而且似乎是人工水渠，不是天然河道。漆水應是今周至縣的黑水，漆黑同義。《水經注》卷十九《渭水》：

> 就水注之。水出南山就穀……就水歷竹圃，北與黑水合。水上承三泉，就水之右，三泉奇發，言歸一瀆，北流左注就水，就水又北流注於渭。渭水又東合田溪水。

就水是今周至縣就峪，田溪是今田峪，竹圃在今司竹鄉，黑水在就峪之東，則羭次之山是今周至縣東南。但是黑水很小，今就峪之西有一條大河稱為黑河，在《水經注》裏稱為芒水。如果漆水是今黑河，羭次山仍在周至縣東南，今有四方臺（2631 米），高出群峰，或可當之。《水經注》卷十八《渭水》：

> 芒水出南山芒谷，北流逕玉女房，水側山際有石室，世謂之玉女房。

此篇最後說：「羭山，神也，祠之用燭，齋百日以百犧，瘞用百瑜，湯其酒百樽，嬰以百珪百璧。」這是《山海經》中等級最高的山，此山祭祀不止用瑜，篇末的羭山是羭次山之訛，所以山名和瑜無關。羭次應是西北游牧民族專名的漢譯，山西也有榆次縣（1999 年改為晉中市榆次區）。

《元和郡縣圖志》卷二盩厔縣：「山曲曰盩，水曲曰厔。」其實這些古怪的說法都是後人附會。所謂山曲、水曲的由來是山阤、水次，《說文》：「阤，阪隅也。」阤是山角，水次是水邊，《漢書・趙充國傳》：「伐林木大小六萬餘枚，皆在水次。」其實盩厔就是羭次，上古音盩端母幽部 tiu，厔章母質部 tɕiet，

[註 1] 〔清〕畢沅校注：《山海經》，上海古籍出版社，1990 年。

鯢以母侯部 jio，次為清母脂部 tshiei，端以皆舌音，清為齒音，舌齒鄰紐，侯幽旁轉，質脂對轉，所以蠡屋、鯢次讀音很近。次有到達之意，可通至，也是旁證。蠡屋得名於最高的神山，才最有可能。

第 11 山時山，出逐水，上古音的逐為定母覺部 diuk，竹為端母覺部 tiuk，竹、逐疊韻，端、定旁紐，讀音極近，逐水得名於竹水，即今周至縣竹峪河，時山在今周至縣西部（主峰一腳踏三縣，海拔 2823 米）。

當時的關中還有很多竹林《水經注》卷十八《渭水中》說：「芒水又北逕蠡屋縣之竹圃中。」楊守敬《水經注疏》按：「《史記·貨殖傳》：渭川千畝竹。《漢志》：秦有鄠、杜竹林。《長安志》引《晉地道記》：司竹都尉治鄠縣，其圃周百里，以供國用。合之漢詔稱蠡屋芒竹，蓋自蠡屋東連鄠、杜，皆古司竹地，此句但敘芒水逕竹圃，乃因漢詔為說耳。《隋志》：蠡屋縣有司竹園。《元和志》：園在縣東十五里。《寰宇記》，在縣東二十里。」古代的竹圃很大，中心區在蠡屋（治今周至縣東）、鄠縣（治今戶縣）之間。

第 12 山南山出丹水，即今眉縣霸河的上游紅河，紅河與丹水同義，故南山為周至縣西南的太白山（3767 米）。

第 13 山大時山出湋水，北流入渭，出清水，南流入漢水。畢沅讀作「泰時」，據此釋大時山為太白山。時山和大時山相連，名字上應是同源。畢沅說湋水是斜水，清水是褒水。此山是太白山的西峰鰲山（3745 米），畢沅所釋二水可從，斜水（今石頭河）、褒水（今褒河）是秦嶺最重要的通道。

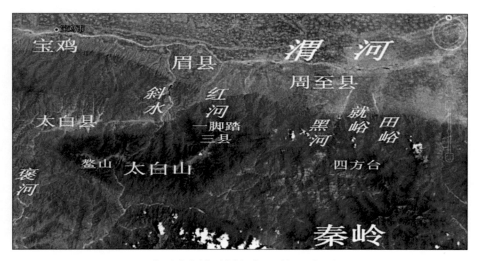

《西山經》首篇中西段示意圖

　　第 14 山嶓冢山（在今甘肅天水或甘谷縣南部）出漢水，即今西漢水，出
囂水，北流入湯水，據《水經・渭水注》，湯水即《西次四經》洋水（今天水
市籍河）。西漢水下游是嘉陵江，不是漢江。但是《禹貢》也沿襲《山海經》，
致使謬種流傳。我認為西漢水入沔是訛傳，西漢水上游有下辨縣（今甘肅成
縣西北），應該還有上辨。上古音辨為並母元部 bean，沔為明母元部 mian，讀
音極近，沔水為辨水之訛。疑西漢水原名為蠻水，嶓冢山北人認為是蠻地，
故名蠻水，訛為辨或沔。

　　第 15 山天帝山，從名稱上看應該是座極高山，可能是今甘肅武山縣南部
的太皇山（海拔 3112 米）。

　　第 16 山皋塗山所出之塗水，南流入集獲水，所出薔水，西流入諸資水，
集獲水可能在西漢水流域，諸資水可能在渭河流域，所以此山應在今甘肅岷
縣東南的分水嶺。

　　第 17 山黃山出盼水西流注入赤水，畢沅曰：「或說盼水即耿穀水，形相
近，字之偽耳。耿水東北入赤穀水，在鄠邑縣，亦山之南麓也。然山在渭
北，水在渭東，疑非是。」耿水當然不是盼水，後者已經在嶓冢山西邊了，怎
麼可能又回到鄠邑縣（今周至縣）去呢？譚其驤認為赤水是「一條無可指
實，僅見於傳說的發源崑崙山東南流的大水」。今按：赤水是通名，古書所見
西北地區有多個赤水。崑崙發源的赤水為今印度恒河，詳下。但是這裡的赤
水是今洮河支流，黃盛璋先生曾辨別過洮河、黃河邊上的兩個赤水城，前者
在今甘肅省岷縣東北，見於《魏書・地形志下》河州臨洮郡。後者在今青海省
共和、興海縣東，見於《隋書・地理志》河源郡等。〔註 2〕又《新唐書》卷二
一六下《吐蕃傳下》云：「三山中高而四下，曰紫山，直大羊同國。古所謂崑
崙者也，虜曰悶摩黎山，東距長安五千里。河源其間，流澄緩下，稍合眾流，
色赤，行益遠，它水並注則濁。」岑仲勉先生據此，認為《漢書・西域傳》婼
羌鄰近的「大種赤水羌」在河源郡的赤水附近。〔註 3〕黃山和嶓冢山僅隔兩
個山，所以這裡的赤水一定是洮河或其支流，黃山可能在今岷山東北，可能
是今岷縣、漳縣邊界的嶺羅山（海拔 3346 米）。

　　第 18 山翠山、第 19 山騩山應該在今臨潭縣、卓尼縣一帶，本篇終於大

<hr>

〔註 2〕黃盛璋：《吐谷渾故都伏俟城與中西交通史上的青海道若干問題探考》，《中
　　　　外交通與交流史研究》，安徽教育出版社，2002 年。
〔註 3〕岑仲勉：《漢書西域傳地理校釋》，北京：中華書局，2004 年，第 6 頁。

夏河流域東部。這裡正是秦國的西界，秦漢時期的枹罕縣在今甘肅臨夏市。

　　譚其驤以為最西的西海是青海湖，其實按照前後距離，不可能到青海湖。上文已經說過，《山經》周圍的海不能看成真海。

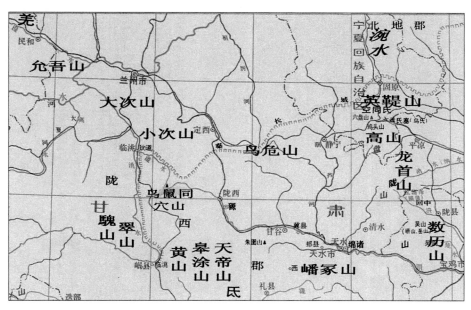

《西山經》首篇西段與《西次二經》西段示意圖

《西山經》首篇諸山位置表（▼指位置確定）

次序	山名	本書新考位置	所出之水	流　向
1	錢來山	河南靈寶市老鴉岔腦▼		
2	松果山	陝西潼關縣西南華山▼	濩水（潼峪）	北入渭
3	太華山	陝西華陰市太華山▼		
4	小華山	陝西華縣少華山▼		
5	符禺山	華縣草鏈嶺▼	符禺水（石橋河）	北入渭
6	石脆山	草鏈嶺▼	灌水（東澗峪）	北入禺水
7	英　山	草鏈嶺▼	禺水（西澗峪）	北入招水
8	竹　山	草鏈嶺▼	竹水（大赤水）、丹水（丹江）	北入渭、南入洛
9	浮　山	臨潼區、藍田縣金山▼	〔零水〕	〔北入渭〕
10	羭次山	周至縣四方臺▼	漆水（黑水）	北入渭

11	時　　山	周至縣一腳踏三縣▼	逐水（竹峪）	北入渭
12	南　　山	眉縣太白山▼	丹水（紅河）	北入渭
13	大時山	太白縣鰲山▼	湋水（斜水）、清水（褒水）	北入渭、南入漢
14	嶓冢山	嶓冢山▼	漢水（西漢水）、囂水	南入沔（漢江）、北入湯水（籍河）
15	天帝山	甘肅武山縣		
16	皋塗山	甘肅岷縣	塗水、薔水	南入集獲水、西入諸資水
17	黃　　山	岷縣、漳縣	盼水	西入赤水（洮河）
18	翠　　山	甘肅臨潭縣、卓尼縣		
19	騩　　山			

第二節　《西次二經》地理

　　《西次二經》首山鈐山疑即《禹貢》「導岍及歧，至於荊山，逾於河」的荊山，今陝西大荔縣東。《漢書·地理志》左馮翊懷德縣：「《禹貢》北條荊山在南，下有強梁原。」《太平寰宇記》卷二十八同州朝邑縣：「朝阪，按《水經注》云：洛水東南歷強梁原，俗謂之朝阪。」朝邑縣城在今大荔縣東朝邑鎮，所在為朝阪、強梁原，北為荊山。譚其驤說此山是《水經注·河水》黑水所出的西山，在延安東南汾川河源頭。不知何據，從道里來看不可能。

　　次山泰冒山出浴水，東流注於河，畢沅認為浴水為洛水（今陝西北洛河）之誤。其實這裡的浴河不可能是今北洛河，因為《西次四經》裏記載洛水（今北洛河）出自白於山（詳下）。這裡的浴水很可能是陝西合陽縣洽水的形訛，即《水經·河水注》的部水，如是洽水，則泰冒山在今合陽縣西北部。

　　第 3 山數歷山為今寶雞縣北的吳山，楚水為今金陵河，見於《水經注·渭水》。第 4 山高山出涇水，為今寧夏涇源縣六盤山。

　　第 6 山龍首山出苕水，東南流注於涇水，畢沅認為是芮字之訛，釋為源出今陝西隴縣和甘肅華亭縣交界處山區、流至長武縣的黑河。其實芮水為源出今甘肅華亭縣之西的汭河，東北流經崇信縣，在涇川縣注入涇河，苕水不一定是汭河，但肯定位於今華亭縣西部，龍首即隴首。如是汭水，則龍首山是今華亭縣西的五臺山（2748 米）。

　　第 7 山鹿台山，譚其驤懷疑是六盤山，沒說原因。但是此山也有可能在

今靜寧縣、莊浪縣一帶。今莊浪縣有水洛河，源出涇源縣六盤山，見於《水經注》，洛、鹿音近，鹿台山可能是莊浪縣的六盤山。

第 8 山鳥危山出鳥危水，西流注入赤水。郭郛懷疑鳥危山所出鳥危水注入的赤水是黃河，[註4] 聯繫上引《新唐書》所說黃河上游水赤，也有可能。鳥危水是今祖厲河，鳥危山在今甘肅通渭縣西北到定西市南部的牛營大山（2506 米）。上古音，鳥是端母幽部 tiu，祖是精母魚部 tsia，危是疑母歌部 ngai，厲是來母月部 lat，端精鄰紐，魚幽旁轉，疑來鄰紐，歌月對轉，所以讀音很近。郭世謙認為赤水是赤亭水，赤亭水是今隴西縣東北的咸河，此河不大，其東的支流更小，所以不如祖厲河和黃河恰當。

第 9～13 山在今蘭州市，其中第 11 山薰吳山應在漢代的允吾縣，縣在今甘肅省永靖縣北到蘭州市西部一帶。吳、吾，雙聲疊韻。薰、允疊韻，曉母、以母可通。此縣和商周時期的北方游牧民族獯鬻有關，即葷粥、獫狁。第 9 山小次山、第 10 山大次山在今榆中縣到蘭州市南部。

第 14 山皇人山，出皇水，可能是青海的湟水，皇人山是青海省海晏縣的也俄日阿栽木峰（4472 米）。但是湟水向東，而非向西，原文可能有誤。第 15 山為中皇山，第 16 山為西皇山，都是第 14 皇人山的同源地名，是青海湖東北部大通山。最後的萊山是今疏勒南山，再向西北，就是《西次三經》的起點。則第 12、第 13 山在今青海省東北部，即今達阪山，這是大通河流域和湟水流域的分水嶺。

譚其驤說鹿台山以下諸山超過《山海經》作者掌握的知識，採自傳說，或出於臆度，絕無一山可以指實。現在看來，譚其驤的觀點過於武斷，他大為低估了古人的能力。

《西次二經》諸山位置表（▼指位置確定）

次序	山　名	本書新考位置	所出之水	流　向
1	鈐　山	陝西大荔荊山▼		
2	泰冒山	陝西合陽縣▼	浴水（洽水）	東入河
3	數歷山	陝西寶雞市吳山▼	楚水（金陵河）	南入渭
4	高　山	寧夏涇源縣六盤山▼	涇水	東入渭
5	女床山	六盤山		

〔註 4〕郭郛：《山海經注證》，第 126 頁。

6	龍首山	甘肅華亭縣	苕水	東南入涇
7	鹿台山	甘肅莊浪縣		
8	鳥危山	甘肅通渭縣牛營山▼	鳥危水（祖屬河）	西入赤水（黃河）
9	小次山	甘肅榆中縣到蘭州市		
10	大次山			
11	薰吳山	甘肅永靖縣、蘭州		
12	厎陽山	青海省達阪山		
13	眾獸山			
14	皇人山	青海海晏縣大通山▼	皇水（湟水）	西入赤水（黃河）
15	中皇山	大通山		
16	西皇山			
17	萊　山	疏勒南山		

第三節　《西次三經》地理

　　此篇偏出西陲，又涉及到很多傳說地名，最為難考。首山崇吾山讀音接近今若羌縣東南的索爾庫裏 Solkuli，維吾爾語的意思是右側的湖。其東南部有個湖泊，即右側的湖。再東部又有一個湖泊，即左側的湖。東部的湖泊，就是蠵淵。地處阿爾金山的山口，位置重要。南望㟾澤，是其東南的柴達木盆地湖泊，因為有石油，所以有油泉子、油沙山等地名，㟾澤就是油澤，古人早已發現石油。西望搏獸丘，是阿卡托山，是維吾爾語的白山。北望冢遂，是墳冢之中的道路，以沙漠之中的屍骨為路標。

　　次山長沙山，顧名思義是山有沙漠。長沙山西北為第 3 山不周山，《大荒西經》說：「西北海之外，大荒之隅，有山不合，名曰不周負子，有兩黃獸守之。有水曰寒暑之水，水西有濕山，水東有幕山。」寒暑之水，即今所謂季節河。幕為漠的古字，《史記》等書都把沙漠的漠寫作幕，不周山之東的幕山正對應長沙山。不周山之西為濕山，也與《山經》吻合，《山經》說不周山西北為地 4 山密山，再西北為第 5 山鍾山：「自密山至於鍾山，四百六十里，其間盡澤也，是多奇鳥、怪獸、奇魚，皆異物焉。」不周山、密山、鍾山為今阿爾金山脈，不周山是金雁山，密山是阿斯騰塔格。其東的長沙山應即羅布泊東南的庫母塔格，在維吾爾語中，庫母即沙，塔格即山，庫母塔格即沙山，庫母塔格是阿爾金山北麓的長條狀沙山，其西的四百六十里沼澤在車爾臣河沿

岸。從若羌縣到且末縣，今為 500 多千米，則這段四百六十里沼澤為車爾臣河的中下游。鍾山是今若羌縣的蘇拉木塔格（6295 米）。長沙山所出的泚水，是今紅柳溝，北流入泑水，泑水是車爾臣河。

不周山在今若羌縣南部，北望諸毗，諸毗是沼澤，見《南山經》首篇。此處的沼澤是臺特瑪湖、喀拉和順，喀拉和順今已乾枯。諸毗或是蘇毗的同源字，蘇毗的位置恰好就在青海北部，靠近新疆東南部。

不周山在《大荒西經》是不周負子山，其實就是不周，因為負子 biə-tsiə、不周 piə-tjiu 讀音接近，或為後人注音，誤入正文，或為別本。所謂不周山沒有合口，其實是望文生義，不周是突厥語的馬蘭花 pichan。

不周山東望泑澤，泑澤即羅布泊。因為西北內陸的很多湖泊沒有出口，古人以為這些水是潛流地下，不知是蒸發。很早就有黃河源自羅布泊的觀點，《史記・大宛列傳》：「於寘之西，則水皆西流，注西海。其東水東流，注鹽澤。鹽澤潛行地下，其南則河源出焉。」《正義》引《括地志》：「蒲昌海一名泑澤，一名鹽澤，亦名輔日海，亦名穿蘭，亦名臨海，在沙州西南。玉門關在沙州壽昌縣西六里。」蒲昌海即羅布泊，蒲昌 ba-thjiang 即不周 piə-tjiu。《離騷》：「詔西皇使涉予……路不周以左轉兮，指西海以為期。」西使東來，到不周山左轉是西海，則西海就是羅布泊。

不周山是一個巨大的風口，《淮南子・地形訓》：「北門開，以內不周之風。」若羌縣恰好是多大風之地，年大風日數有 36.5 天，而其西部的且末縣只有 15.8 天，民豐縣只有 4.9 天，和田只有 7.3 天。〔註5〕因為不周山在絲路南道的路上是個多風之地，所以不周之風特別有名。北疆很多地方的大風日數和強度超過若羌縣，但是因為中西交通最早以南道為主，所以《山海經》只記南道的南山，所以不周山的大風最出名。

第 4 山密山是岳山之形誤，就是不周山西臨的岳崇之山，多玉，在今且末縣東南，以玉著稱。上古音的岳 ngeok 和玉 ngiok，讀音很近，所以岳山其實是玉山之音誤。

從長沙山到鍾山為西北向，但是實際是西南向，這是古人觀察錯誤，比如大夏（巴克特利亞）在中國正西，但是《史記・大宛列傳》說張騫報告大夏在中國西南。密山和鍾山之間的沼澤不可能在今柴達木盆地，因為此盆地都是高原鹽湖，物種很少，而《山海經》說二山間的沼澤物種很多。而車爾臣河

〔註5〕《中國自然地理圖集》，中國地圖出版社，1998 年，第 196 頁。

和羅布泊在塔里木盆地東南，原來物種很多，包括已經滅絕的新疆虎。

畢沅說：「《漢書》云：趙地鍾岱，迫近胡寇。如淳曰：鍾所在未聞。案：《北山經》云：鍾山之神名曰燭陰，《淮南子》云：燭龍在雁門北。是知鍾山在雁門北。《水經注》：芒干水出塞外，南逕鍾山，山即陰山是也。陰、鐘聲相近，又《漢書》侯應曰：陰山東西千餘里，則密山、泰器之山皆其連麓也。又高誘注《淮南子》云：鍾山，崑崙也，以其連麓而在東北與？」畢沅對燭龍所在鍾山的考證是天衣無縫，但那是今內蒙古的陰山，離崑崙山很遠，不可混淆。

第 5 山鍾山在今且末縣西南，回鶻文的且末是 sarmadan，上古音的且末是 tsa-mat，我認為這是源自海，梵語是 samudra，源自且末多水。薩爾瑪提亞人 Sarmatian 在黑海北部，也是源自在多水地帶。

第 6 山泰器山，出觀水，西流注於流沙，應該在今民豐。觀水「多文鰩魚……常行西海，遊於東海，以夜飛」，西部內流河尾閭往往匯為二湖，因上游相通，所以魚類可以往返，西海、東海其實是兩個湖。

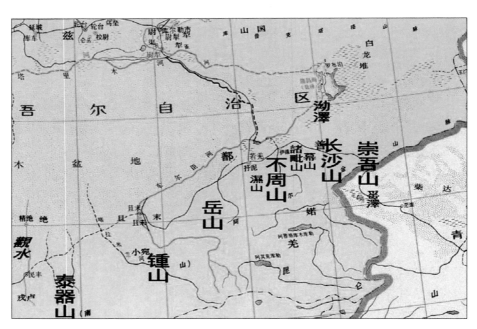

《西次三經》東段示意圖

觀水就是尼雅河，我認為尼雅源自藏語的魚 nya，所以觀水多魚。尼雅就是漢代的戎盧國，尼雅、戎盧 njuəm-la 讀音接近。《大唐西域記》卷十二的尼

壤城一般認為是精絕國都，是今民豐縣北部的尼雅遺址，不是戎盧國。《漢書・西域傳上》戎盧國：「東與小宛、南與婼羌、西與渠勒接，闢南不當道。」戎盧國在今民豐縣南部，精絕國因為在尼雅河岸而被稱為尼雅。

第 7 山槐江山，出丘時水，北流注於泑水。丘時水即克里雅河，泑水即塔里木河，古代克里雅河能北流入塔里木河。〔註6〕丘時即龜茲，音近，因為丘時水穿過塔里木盆地到龜茲，故名。塔里木河最後注入羅布泊，名為泑澤，則泑水即塔里木河，槐江山為民豐縣南的喀什塔什山。此山西望大澤，北有諸毗，都是指沼澤，因為這一帶河流很多。

槐江山之東的桓山，有窮鬼居之，上古音的窮是群母東部 guəm，我認為源自波斯語的蟲 kerm，古代塔里木盆地的西南部是塞人，是波斯語族群。有窮鬼或許是塞人指突厥人，故名鬼。窮 guəm 的讀音接近漢代的扜彌國，《漢書・西域傳上》：「南與渠勒、東北與龜茲、西北與姑墨接，西通于闐三百九十里。」扜彌國在今策勒縣，《後漢書》是拘彌，《新唐書》是汗彌。

突厥語的蟲是 kurt，kurt 就是龜茲（丘時）的語源，因為龜茲在北部，靠近突厥人之地。上古音的器是溪母物部 khiət，泰器山即大器山，即大 kurt 山，就是蟲山。

克里雅河的南部，漢代有渠勒國，我認為是印地語的蟲 kīrā，也即克里雅的由來。維吾爾語的蜥蜴是 kelɛr，古維吾爾語是 kälär，〔註7〕讀音也接近。克里雅河的源頭，即《海外西經》的窮山，見下文。渠勒國都是鞬都城，是波斯語的城市 kand。

槐江山西南四百里為崑崙丘，上古起就令中原人魂牽夢繞的崑崙山究竟在何處，從漢代以來一直是難以解決的大問題。漢武帝定為于闐南山，司馬遷質疑之。前涼定為酒泉南山（祁連山），李唐以來多有從之者，如畢沅、譚其驤。佛教流行中國後，又有將崑崙山混同於阿耨達山者，酈道元疑之。唐代杜佑等以為在吐蕃，元代都實等同之。康熙進軍西藏，定阿耨達山為岡底斯山。乾隆平定新疆，又定崑崙山為于闐南山。張穆、饒宗頤認為崑崙山是岡底斯山，魏源主蔥嶺說而否定岡底斯。張穆、徐松依違於岡底斯、于闐之

〔註 6〕中國科學院《中國歷史自然地理》編輯委員會：《中國自然地理・歷史自然地理》，科學出版社，1982 年，第 211 頁。

〔註 7〕阿爾斯蘭・阿不都拉：《維吾爾語哈密次方言中的古語詞》，《民族語文》2006年第 1 期。

間。又有調和諸地者，如洪亮吉、岑仲勉，岑仲勉後來又根據水系定崑崙為帕米爾高原，勞幹認為崑崙是西域大山的泛稱。〔註8〕

　　總觀諸說，古人除產玉及河源外，沒有其他自然地理方面證據，又多誤信河出于闐說。近人吳承志用火泉證崑崙火山，雖然接近，可惜誤考位置。岑仲勉證出崑崙水系的大半，未盡完善。其實用自然地理考證崑崙所在，不僅可信，而且確定，這樣幾千年來關於崑崙山地望的爭論可以一勞永逸地解決了。

一、崑崙不是祁連山

　　畢沅的《山海經新校正》用 661 字證《西次三經》崑崙山為祁連山，〔註9〕但他的考證經不住推敲，下面一一辯駁：

　　畢沅先引《漢書‧地理志》臨羌縣塞外有西王母石室、崑崙山祠，再引《十六國春秋》前涼酒泉太守馬岌上言酒泉南山（今祁連山）即崑崙山，又引唐人《括地志》云崑崙山在酒泉縣。《十六國春秋》、《括地志》均佚，畢沅的引文出自《史記‧司馬相如傳》西望崑崙，《正義》引《括地志》：「崑崙在肅州酒泉縣南八十里。《十六國春秋》後魏昭成帝建國十年，涼張駿酒泉太守馬岌上言：『酒泉南山即崑崙之體，周穆王見西王母，樂而忘歸，即謂此山。有石室，王母堂，珠璣鏤飾，煥若神宮。』又刪丹西河名，云弱水，《禹貢》崑崙在臨羌之西，即此明矣。」《括地志》根據馬岌，馬岌的依據是酒泉南山有西王母石室，所以三條證據還是《漢書》的一條，這條也不可靠。《漢書‧地理志》金城郡臨羌縣：「西北至塞外，有西王母石室、仙海、鹽池。北則湟水所出，東至允吾入河。西有須抵池，有弱水、崑崙山祠。」按漢平帝劉衎元始四年（公元 4 年），以金城郡塞外羌地設西海郡，《論衡‧恢國》：「（元始）四年，金城塞外羌良橋、橋種良願等獻其魚鹽之地，願內屬，漢遂得西王母石室，因為西海郡。周時戎狄攻王，至漢內屬，獻其寶地。西王母國在絕極之外，而漢屬之。德孰大？壞孰廣？」《漢書‧王莽傳》記載王莽誘騙羌人獻地，設西海郡，製造漢地包有四海的假象，以便他邀功篡位。塞外的崑崙山祠，必定是西海郡設立後才建。既有西王母石室，所以王莽在此建崑崙山祠。即

〔註8〕勞幹：《崑崙山的傳說》，《古代中國的歷史與文化》，北京：中華書局，2006年，第 639～648 頁。

〔註9〕〔清〕畢沅：《山海經新校正》，第 26、27 頁。

使存在西王母石室，也不能根據西王母確定崑崙山位置，因為《山海經》的《西次三經》、《大荒西經》雖然說崑崙山附近有西王母，但西王母是通名。臨羌塞外，接近祁連山，《史記·衛將軍驃騎列傳》說霍去病攻祁連山：「獲五王、五王母……千騎將得王、王母各一人。」王母和王的數量一樣，不可能是王的母親，否則沒有這麼巧合。因為王的母親不一定都健在，而且剛好被漢朝軍隊俘虜。但是一般來說，王總要有王后，可能由於北方游牧民族實行收繼婚，也就是在父親死後娶自己的母親，所以王太后變成了王后，王母也就成了王后的名號。北方民族的王后往往擁有很大權力，相當於女王。

西域也有王母，尼雅遺址出土木簡有：「王母謹以琅玕致問王。」〔註10〕據《管子》、《爾雅》崑崙山出產琅玕，所以崑崙山附近的西王母在今新疆。

畢沅說：「《經》曰槐江之山，南望崑崙，東望恒山，明崑崙去恒山不遠。若在于闐，何由相望？」槐江山東望恒山，這個恒山是和北嶽恒山同名而已，《山經》中同名的山或者與其他史籍中同名的山還有很多，不是一地。即使恒山如畢沅所說是山西的恒山，那麼槐江山也應該在山西，不然怎能望見？那麼就不可能是祁連山！

畢沅說：「《漢書》云黃帝使泠倫自大夏之西，崑崙之陰，取竹之解谷。大夏者，《春秋傳》所言實沈所遷，在山西境。崑崙之陰，《呂氏春秋》作阮隃之陰。案阮即代郡五阮關，隃即西隃雁門，見《說文》，亦在今山西。山西西接陝西，以至甘肅，皆在西北。知此之崑崙在肅州，其非于闐、吐蕃之山明矣。」其實中亞也有大夏，隴西也有大夏，《漢書·地理志》隴西郡有大夏縣（治今甘肅廣河縣西）。大夏即使就在山西，也和祁連山差之千里！

畢沅說：「張守節云肅州即小崑崙，非河源出者。後世皆仍其誤。考《博物志》云漢使張騫度西海至大秦國，西海之濱有小崑崙。則古因小崑崙為大秦國之山，肅州之山為《夏書》、《山海經》崑崙亡疑也。」其實《博物志》不可信，張騫未到大秦（羅馬）。張守節《史記正義》的小崑崙是相對阿耨達大崑崙而言，詳見下文。

二、用地理學考證崑崙山

畢沅論證祁連山為崑崙山的理由都站不住腳，下面從四個方面證明古崑崙山在今新疆西南，若從水系論則包括喀喇崑崙山、阿里高原。

〔註10〕林梅村：《樓蘭尼雅出土文書》，文物出版社，1985年，第88頁。

（一）美玉

《山海經・海內西經》崑崙墟：「面有九井，以玉為檻。」以玉為檻是對崑崙山盛產美玉的誇張。《管子・輕重甲》：「崑崙之墟不朝，請以璆琳琅玕為幣乎！」《楚辭・九章・涉江》：「登崑崙兮食玉英。」《戰國策・趙策一》蘇秦上書趙王：「此代馬胡駒不東，而崑山之玉不出，此三寶者又非王之有也。」《戰國縱橫家書》第 21 章作崟山，即崑崙山。〔註 11〕《史記・李斯傳》李斯上書秦王：「今陛下致崑山之玉」。殷墟出土不少和田玉，商代時和田玉已經輸入中原。〔註 12〕《史記・大宛傳》：「漢使窮河源，河源出于寘，其山多玉石，採來，天子按古圖書，名河所出山曰崑崙云。」

清人張穆認為漢武帝不是根據產玉定崑崙山，是張騫說河源多玉，武帝派人看玉產何處，以定河源。最早記載崑崙玉的是《爾雅・釋地》：「西北之美者，有崑崙虛之璆琳琅玕焉。」是後人增附。蘇代（按：應為蘇秦）對趙王的上書，說明崑山在趙國境內。《尚書・胤征》胤侯告於眾曰：「火炎昆岡，玉石俱焚」，這是晉人偽作；《山經》有玉之山，所在皆是，不只崑崙。〔註 13〕按《大宛傳》張騫早已說明河源在于闐南山，上引一句說得很清楚，是先到河源，後採玉石，張穆自倒順序。漢代宮中可能有傳世崑崙玉器，劉徹無疑是通過鑒定採來的于闐玉石標本確定崑崙山。崑崙產玉不是首見於《爾雅》，《山海經》、《管子》、《楚辭》、《戰國縱橫家書》都是戰國時書。「崑山之玉不出」不能說明崑山在趙，因為前面還有胡駒，胡地也不在趙境，何況我們至今沒發現趙境內有出寶玉的礦藏。《胤征》固然不可作為信史，但是古人造假必然要有一定依據，否則誰信？《胤征》「玉石俱焚」有上引諸古書為本。玉不是處處都有，和田玉更是如此。祁連山產的酒泉玉屬於蛇紋石，與和田軟玉不是一種。〔註 14〕

（二）火山

槐江山「南望崑崙，其光熊熊，其氣魂魂」，《大荒西經》崑崙山「其外有炎火之山，投物輒然」，然即燃的古字。崑崙山中的火山即今於田縣南面

〔註 11〕 馬王堆漢墓整理小組編《戰國縱橫家書》，文物出版社，1976 年，第 92 頁。
〔註 12〕 中國社會科學院考古研究所編著《殷墟玉器》，文物出版社，1982 年，第 11 頁。
〔註 13〕 〔清〕張穆：《崑崙虛異同考》，譚其驤主編《清人文集地理類彙編》第五冊，浙江人民出版社，1988 年。
〔註 14〕 中國社會科學院考古研究所編著《殷墟玉器》，第 3～5 頁。

崑崙山中的卡爾達西（或稱喀拉喀什）活火山群，1951 年曾有活動。〔註15〕吳承志認為崑崙山的火山是《博物志》記載的酒泉郡延壽縣南山火泉（今玉門油田），但他又說崑崙山是青海巴顏喀拉山，〔註16〕自相矛盾。

（三）流沙

《海內西經》：「流沙出鍾山，西行又南行，〔至〕崑崙之虛。」鍾山在崑崙山西北，流沙從鍾山西南行到達崑崙山，這是實際情況：今塔里木盆地伽師縣的強孜至民豐縣的沙吾扎克一線以東的塔克拉馬干沙漠東部、北部、中部的沙漠是東北——西南走向，而且這種西南行的流沙僅見於此地至甘、新邊界的範圍內，中國其他地區的流沙都是西北——東南向或西北西——東南東向。〔註17〕這個東北風沙系統由來自天山東端和走廊北山間的「東風倒灌」決定，西南行的流沙從甘、新邊界一瀉千里到達民豐縣境，最大風沙軸線從國境一直延伸到安迪爾河以西，〔註18〕和田河和民豐城子午線之間的北部沙丘為 SW 或 SSW 移動方向，南緣於田、民豐城之間因為同時受到東北風、西北風和崑崙山地方性西南風的影響，所以沙丘移動方向比較複雜，〔註19〕西南行的流沙終結於於田一帶，所以說流沙西南行至「崑崙之虛」。歷史時期的風沙系統具有穩定性，古人不難發現強風沙的大致運動方向，《山海經》崑崙山為今和田地區南部的崑崙山無疑。

（四）水系

崑崙山「河水出焉，而南流東注於無達。赤水出焉，而東南流注於氾天之水。洋水出焉，而西南流注醜塗之水。黑水出焉，而西流於大杆。」《大唐西域記》卷一：「（阿耨達）池東面銀牛口，流出殑伽河，繞池一匝，入東南海。池南面金象口，流出信度河，繞池一匝，入西南海。池西面琉璃馬口，流出縛芻河，繞池一匝，入西北海。池北面頗胝獅子口，流出徙多河，繞池一

〔註15〕劉若新主編：《中國的活火山》，地震出版社，2000 年，第 81～85 頁。
〔註16〕吳承志：《大荒西經炎火之山考》，《清人文集地理類彙編》第五冊。
〔註17〕朱震達：《中國沙漠概論》，科學出版社，1980 年，第 51～53 頁。趙松喬主編《中國乾旱區自然地理》，科學出版社，1985 年，第 41～42 頁。中科院新疆綜合考察隊等編著《新疆地貌》，科學出版社，1978 年，第 231 頁。
〔註18〕耿寬宏編著：《中國沙區的氣候》，科學出版社，1986 年，第 114、123 頁。
〔註19〕朱震達、陳治平等：《塔克拉瑪干風沙地貌研究》，科學出版社，1981 年，第 75 頁。

匝，入東北海。」〔註20〕

岑仲勉對比二書解釋：氾天之水即今雅魯藏布江下游，印度語稱為 Brahmaputra（布拉馬普特拉河），義為梵天之子，則赤水為恒河（即殑伽河）；醜塗的切韻音近徙多，徙多河為印度河，則洋水為印度河；大杅即 Dahae 族，則黑水為縛芻河（即阿姆河的上游噴赤河）〔註21〕。

按：岑仲勉釋氾天水不誤，赤水即恒河。如果古人把雅魯藏布江當成布拉馬普特拉河上游的另一條河，那麼赤水也有可能是雅魯藏布江。

洋水西南流，則應在印度河上游。醜為端母幽部 thiu，塗為定母魚部 da。醜塗接近梵語的印度 Sindhu，則洋水為印度河別源朗欽藏布（漢譯象泉河，下游稱薩特萊傑河）。岑仲勉用切韻而非上古音，又說徙多河即印度河，徙多河是塔里木河。

大杅應為大夏，上古音的杅 hiua、夏 hea 都是匣母魚部，西流到大杅（大夏）的黑水無疑是噴赤河，大夏比 Dahae 更貼近。

無達，岑仲勉未考出，〔註22〕我認為即《左傳·僖公四年》齊國北境的無棣，達、棣上古音皆定母，王力說前者月部 at、後者質部 et，唐作藩說都是月部。無棣在《水經·淇水注》的無棣溝附近，無棣溝是黃河故瀆尾閭通海的一條河，流經今河北南皮、鹽山縣和山東無棣縣境。《海內東經》所附《水經》：「虖池河……而東注渤海，入越（按：為趙字訛）章武北」、「漳水……東注渤海，入章武南」。既然滹沱水、漳水橫貫河北平原，在章武縣（在今河北黃驊市）南、北入海，當時的黃河只能在章武南面漳水口更南地方入海，即通過無棣溝入海，《山海經》說河注「無達」是完全可信的。《西次三經》說河水「南流東注」，因為當時中原人只瞭解河套以下的黃河，不知黃河上游先向

〔註20〕〔唐〕玄奘、辯機原著、季羨林等校注：《大唐西域記》，北京：中華書局，1985 年，第 39 頁。

〔註21〕岑仲勉：《上古中印交通考》，原載《珠海學報》1949 年第二輯，見《西周社會制度》，北京：中華書局，2004 年。他說《大唐西域記》徙多河是塔里木河，但也指藥殺水（錫爾河）、印度河。劉迎勝《徙多河考》以為最初指錫爾河，《禪學研究》第一輯，江蘇古籍出版社，1992 年。岑仲勉認為崑崙語源是和闐語的南方 hvarandau 或 hvaram，見《漢族一部分西來之初步考證》，《兩周文史論叢》，北京：中華書局，2004 年。

〔註22〕晉郭璞注：「山名。」郝懿行注：「無達即阿耨達也，阿耨，華言無也。」衛挺生注：「無所達也。」郭璞大概是根據醜塗山、氾天山推測，郝注斷章取義，衛注望文生義，都不可信。

西北流。

《大荒西經》:「西海之南,流沙之濱,赤水之後,黑水之前,有大山,名曰崑崙之丘。」丁謙把喀什噶爾河、葉爾羌河釋為赤水、黑水,岑仲勉說,兩河均在崑崙北,怎麼分前後?以西北民族尚東,東前西後,此處之赤水為黃河,黑水指于闐等河,但這與《山經》矛盾,他說:「惟《西山經》則稱恒河為赤水,縛芻河為黑水(見拙著《西周社會制度問題》上海人民出版社一五九頁)。蓋撰者非一人,故立說弗同也。復次,《大荒西經》之文,假以南北為前後,則赤水是恒河,黑水是塔里木河。」〔註23〕其實,《山經》、《海經》不矛盾,以東南方的恒河(赤水)為前,則西北方的噴赤河(黑水)正是為後。

趙儷生認為河水是塔里木河,源出崑崙山東北不錯,但是無達是阿耨達,所以有誤,黑水是阿姆河,洋水是印度河,赤水是恒河或怒江。〔註24〕無達不是阿耨達,河水不是塔里木河。

所以崑崙山水系的記載可信,如果把崑崙山定在祁連山,則水系無法對應。陶保廉說:「畢沅《山海經》斷崑崙在肅州,不知肅州之山無四隅大水,與《經》所云有赤、黑諸水入南海者不符。」〔註25〕弱水《西次三經》無載,《海內西經》則說出自崑崙西南隅,甘肅的弱水則是出自祁連山北,方向不合。譚其驤說:「今黑河在祁連山以南一段及大通河皆東南流,疑經文『河水』指前者,赤水指後者;托來河、疏勒河皆西北流,疑即經文『洋水』、『黑水』,而所載流向不盡合。」安京為了解決譚其驤的流向和原文不合的問題,說原本地圖是倒轉 180 度,後來被人誤解的,又擬出一個崑崙水系,但還是不合原文。〔註26〕

顧頡剛認為崑崙山以祁連山最有可能,是中古時期的僧人牽合崑崙山為阿耨達山。〔註27〕顧頡剛不會考證地理,可見一斑。

〔註23〕岑仲勉:《漢書西域傳地理校釋》,第 6 頁。

〔註24〕趙儷生:《〈穆天子傳〉中一些部落的方位考實》,《中華文史論叢》1979 年第 2 期。收入趙儷生:《弇茲集》,蘭州大學出版社,2011 年。

〔註25〕〔清〕陶保廉:《辛卯侍行記》,甘肅人民出版社,2002 年,第 320 頁。

〔註26〕安京:《休屠、崑崙與山海經》,《中國邊疆史地研究》,1998 年第 1 期。他以疏勒河為赤水,石羊河為洋水,大通河為河水,北大河為黑水,今黑河為弱水。但是大通河、北大河流向和《山海經》不合,無達、氾天、醜塗、大杅等地名也不能完整對應。

〔註27〕顧頡剛:《顧頡剛讀書筆記》卷八,第 398 頁。

三、崑崙山和阿耨達山

《海內西經》崑崙山：「赤水出東南隅，以行其東北，西南流注於南海，厭火東。河水出東北隅，以行其北，西南又入渤海，又出海外，即西而北，入禹所導積石山。洋水、黑水出西北隅，以東，東行，又東北，南入海，羽民南。弱水、青水出西南隅，以東，又北，又西南，過畢方鳥東。崑崙山南淵深三百仞。」此處所記崑崙山的河流都很彎曲，類似佛典阿耨達山的四條河流環行一周。崑崙山南淵又對應阿耨達池，孫吳康泰、東晉道安，都提出崑崙山即阿耨達山，《水經注》卷一：

> 釋氏《西域記》曰：「阿耨達太山……山即崑崙山也。《穆天子傳》曰：天子陟於崑崙，以觀黃帝之宮……即阿耨達宮也……康泰《扶南傳》曰：「恒水之源，乃極西北，出崑崙山中，有五大源……釋氏論：「佛圖調列《山海經》曰：『西海之南，流沙之濱，赤水之後，黑水之前，有大山，名曰崑崙。』又曰鍾山西六百里有崑崙山，所出五水，祖以佛圖調《傳》也。又近推得康泰《扶南傳》，《傳》崑崙山正與調合……泰《傳》亦知阿耨達山是崑崙山。」釋云：「賴得調《傳》，豁然為解。」乃宣為《西域圖》，以語法汰，法汰以常見怪，謂漢來諸名人，不應河在敦煌南數千里，而不知崑崙所在也。釋復書曰：「……子今見泰《傳》，非為前人不知也。而今以後，乃知崑崙山為無熱丘，何云乃胡國外乎？」

康泰可能是康國人，佛圖調即《高僧傳》卷九西域人竺佛調，釋氏即釋道安，佛調與道安、法汰同師佛圖澄，〔註28〕道安的觀點得自康泰、佛調。酈道元不同意道安的觀點，他說：「阿耨達六水，蔥嶺、于闐二水之限，與經史全相乖異。」經史當然沒有西域地理，道安說的是《山海經》。酈氏又舉東方朔《十洲記》異說，但《十洲記》是託名東方朔的偽書，酈氏說《穆天子傳》、《竹書紀年》、《山海經》都因為年久而不足信，但《山海經》是傳世之書，不是汲冢出土，《水經注》本身就大量引用《山海經》，真是自相矛盾。

前秦王嘉《拾遺記》卷十：「崑崙山者，西方曰須彌山。」把崑崙山比附須彌山而非阿耨達山。《梁書·中天竺傳》：「國臨大江，名新陶，源出崑崙，

〔註28〕湯用彤：《漢魏兩晉南北朝佛教史》，北京大學出版社，1997年，第413頁。

分為五江，總名曰恒水。」接受了崑崙即阿耨達說。

唐初《括地志》既說崑崙山是酒泉南山，又說崑崙山是阿耨達山，「此（阿耨達山）謂大崑崙，肅州謂小崑崙也。」〔註29〕同時代道宣《釋迦方志·中邊篇》：「尋崑崙近山，則西涼酒泉之地，穆后見西王母之所，具彼《圖經》。若崑崙遠山，則香山、雪山之中也，河源出焉。」清人洪亮吉說「自賀諾木爾至葉爾羌，以及青海之枯爾坤，綿延東北千五百里至嘉峪關，以迄西寧，皆崑崙山也」，他把各種崑崙說全部混一。〔註30〕岑仲勉早先也是主張所謂海外、新疆、西藏、北印度四崑崙為一，西寧、肅州兩崑崙為崑崙之東支：〔註31〕以上都是調和論。

杜佑《通典·州郡四》認為崑崙在吐蕃有兩個證據，一是唐使所見及吐蕃人自言，二是《禹貢》崑崙、析支之析支在積石山之西，則崑崙也在積石山西。《新唐書·吐蕃傳》劉元鼎出使吐蕃，說河源紫山（吐蕃曰悶摩黎山）即崑崙山。《元史·地理志》引都實的行紀：「朵甘思東北有大雪山，名亦耳麻不莫剌，其山最高，譯言騰乞里塔，即崑崙也。」唐人所說紫山為今巴顏喀拉山（5266 米），元人所說崑崙山為今阿尼瑪卿山（6282 米），〔註32〕後者不是黃河正源，但比前者高。

康熙五十九年（1720 年）清軍入藏，玄燁定阿耨達山為今岡仁波齊峰。〔註33〕弘曆平定新疆，命紀昀作《河源紀略》，定崑崙山為于闐南山。卷二五：「欲定崑崙所在，當以《史記·大宛傳》、《漢書·西域傳》為主而屏絕一切荒誕之辭」〔註34〕，認為黃河源如張騫所說在西域，所以崑崙山在新疆；唐人、元人看到的青海河源是黃河潛流以後重新露出地面，不是真河源。黃河重源說當然是錯的，弘曆不過是炫耀自己功比漢武，他和臣子們除了沿襲漢代人的錯誤外，別無發明。

前揭張穆文說，漢武名于闐山為崑崙，已確知崑崙之在西南，吐蕃自言

〔註29〕〔唐〕李泰等著、賀次君輯校：《括地志輯校》，北京：中華書局，1980 年，第 225、248 頁。陶保廉說《括地志》是多人編撰，故有歧說，見同上《辛卯侍行記》，第 321 頁。

〔註30〕〔清〕洪亮吉：《崑崙山釋》，同上《清人文集地理類彙編》第五冊。

〔註31〕岑仲勉：《崑崙一元說》，《中外史地考證》，北京：中華書局，2004 年。

〔註32〕譚其驤主編：《中國歷史地圖集》第五冊第 77 頁、第七冊第 37 頁。

〔註33〕《清實錄》（第六冊），北京：中華書局，1985 年，第 819～821 頁。

〔註34〕〔清〕紀昀：《河源紀略》，影印《文淵閣四庫全書》第 579 冊，臺北：商務印書館，1986 年。

崑崙在其國西南，已確知崑崙在今衛藏，西藏自古不隸版圖，直至聖祖諭，
崑崙真山才顯露於世。于闐怎麼在西南呢？徐松說崑崙即阿耨達即岡底斯
山，為了解決于闐離岡底斯山太遠的破綻，他說岡底斯山北出之僧格喀巴布
山，西北發為齊齊克里克嶺，「自齊齊克里克至喀克善，環千八百餘里，包西
域西，以周其北，總曰蔥嶺，外如半規，中為虛地，是曰崑崙之虛，黃河初源
於此出焉」。〔註35〕其實《山海經》崑崙虛的虛不是空虛的意思，而是指丘，
《說文》：「虛，大丘也。崑崙丘謂之崑崙虛。」〔註36〕二人主要是調和岡底
斯山、于闐南山。

魏源說岡底斯山不近河源，沒有入四海的四條大河，不是崑崙山；蔥嶺
左幹天山，右幹南山，包南疆三面，只是東面有缺口，即不周山也即崑崙山。
他不懂阿耨達是梵語音譯，說阿耨達是哈喇淖爾（今塔吉克斯坦喀拉湖）轉
譯。為了找出入四海的四條大河，他說河水是黃河，赤水是入南海的恒河，
洋水是入西海的縛芻河（阿姆河），黑水是入北海的阿被河（鄂畢河）。鄂畢
河離蔥嶺很遠，魏源就說鄂畢河實際是發源蔥嶺北幹烏拉嶺（今烏拉爾山）
〔註37〕：魏源的觀點也沒有什麼進步。另外陶保廉說阿耨達山即阿勒騰山，
黃懋材以為是阿里的轉音，都是臆測，岑仲勉《崑崙一元說》已予批駁。

饒宗頤認同岡底斯說，證據是《翻譯名義大集》：「梵：Kāilāsah；藏：Ti-
se-hi Gans，Gan-stise；漢：崑崙山、雪山。」〔註38〕按《翻譯名義大集》是
9 世紀藏人所編的梵藏詞典，元代傳入漢地被漢族僧人加上漢文，〔註39〕今
按不確，上文說過，從水系論，崑崙山包括岡底斯山，二者不矛盾。今天岡底
斯山的四口是後世形成，早期佛典中的四河為恒河、印度河、阿姆河、徙多
河，〔註40〕今天加了雅魯藏布江，印度河的兩源朗欽藏布（象泉河）、森格藏
布（獅泉河）都算在內，而阿姆河、徙多河被排除在外，牛口被孔雀口（今馬
甲藏布，下游稱格爾納利河、卡克拉河）替代。

〔註35〕〔清〕徐松：《西域水道記》，北京：中華書局，2005 年，第 17～19 頁。
〔註36〕丘（邱）、虛（墟）同源，見王力：《同源字典》，北京：商務印書館，1982 年，
第 85 頁。
〔註37〕〔清〕魏源：《釋崑崙》，《海國圖志》卷七四，嶽麓書社，1998 年，第 1852
～1863 頁。
〔註38〕饒宗頤：《論釋氏之崑崙說》，《梵學集》，上海古籍出版社，1993 年。
〔註39〕周一良：《中國的梵文研究》，《佛教史與敦煌學》，遼寧教育出版社，1998 年。
〔註40〕後秦譯《長阿含經》、《大唐西域記》、《括地志》等書的四河四口都不同，不
贅抄。見前揭劉迎勝：《徙多河考》和《括地志輯校》，第 248 頁。

　　帕米爾高原和青藏高原的游牧民族縱橫千里，《漢書‧西域傳》記載塔里木盆地的東南角是婼羌國，而帕米爾高原的難兜國南與婼羌接。則婼羌人的沿崑崙山脈逐水草而居，正是羌人把高原地理知識傳到印度和中國。有的學者雖然認為《西次三經》已經寫到今新疆，卻以為先秦的中原人不可能瞭解青藏高原、帕米爾高原的水系，因此崑崙山不可能是塔里木盆地西南的崑崙山脈或帕米爾高原，〔註41〕其實游牧民族完全有能力在上古就總結出大區域的地理概況，這些知識可以直接或間接地流傳到中原和印度。

　　由於接受者不同，崑崙水系和阿耨達水系雖然有三條河流相同（印度河、恒河、阿姆河），但後者有徙多河、無黃河。《西次三經》崑崙四水首列黃河，因為黃河是中原的第一大河。《海內西經》崑崙山水系源自《山經》又被方士加以演繹，加上弱水、青水，前揭岑仲勉《崑崙一元說》說弱水是徙多河的意譯，也可能是中國西北部的其他河流，青水大概是方士根據赤水、黑水、河水（黃水）和五行體系添加。

《山海經》崑崙山地區示意圖

〔註41〕王守春：《〈山海經〉與古代新疆歷史地理相關問題的研究》，《西域研究》，1997 年第 3 期。

譚其驤認為崑崙山之西的積石山、三危山，應在崑崙山之東，三危在敦煌西，天山即祁連山，祁連即天。《漢書·霍去病傳》祁連山，顏師古注：「祁連山即天山也，匈奴呼天為祁連。」林梅村指出這個詞彙是吐火羅語，不是匈奴語。〔註42〕這些地名是通名，未必在崑崙山之東。

崑崙山有鳥，狀如蜂，大如鴛鴦，名曰欽原。我認為欽原是藏語的鷹khyung，大如鴛鴦是中原人看圖誤解。

第 9 山樂遊山出桃水，西流注入稷澤，應是今皮山縣的河流，樂遊山在皮山縣西南。

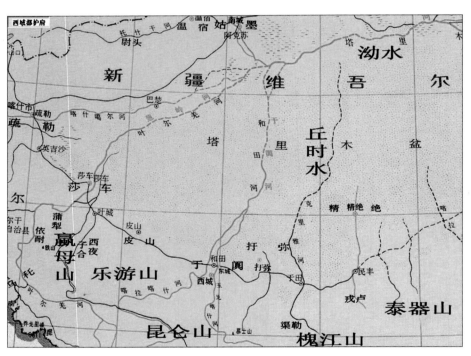

《西次三經》中段示意圖

樂遊山向西水行四百里，流沙二百里，至嬴母之山，多玉。應是今葉城縣西部的密爾岱山，海拔 3665 米，盛產和田玉，〔註43〕《漢書·西域傳上》：「子合地出玉石。」法顯從子合向南四日，入蔥嶺山，前人多以為在葉

〔註42〕林梅村：《祁連與崑崙》，《漢唐西域與中國文明》，文物出版社，1998 年，第65～67 頁。

〔註43〕葉城縣地方志編纂委員會編：《葉城縣志》，新疆人民出版社，1999 年，第593～594 頁。

城縣。〔註44〕

　　蠃母山又西三百五十里的玉山，是西王母所居。今塔什庫爾干縣東部有大同鄉玉礦，玉山應在此處。西王母是女國的女王，《隋書·女國傳》：「女國在蔥嶺之南，其國代以女為王。」蔥嶺即帕米爾高原，亦即蘇毗，犍陀羅語和于闐塞語文書多次提到的 Supiya 人，《大唐西域記》卷四：

　　　　此國境北大雪山中，有蘇伐剌拏瞿呾羅國，唐言金氏。出上黃
　　金，故以名焉。東西長，南北狹，即東女國也。世以女為王，因以
　　女稱國。夫亦為王，不知政事。丈夫唯征伐、田種而已。土宜宿麥，
　　多畜羊馬。氣候寒烈，人性躁暴。東接吐蕃國，北接于闐國，西接
　　三波訶國。

　　蘇毗國，東西長，南北狹，在今青藏高原西北部，北接于闐，東接吐蕃，西接三波訶國（秫羅娑，在今西藏吉隆縣到克什米爾之間）。〔註45〕女國人性躁暴，原來勢力強大，7 世紀被松贊干布之父朗日論贊吞併。

　　西王母頭上戴勝，《大唐西域記》卷十二呬摩呾羅國：「其婦人首冠木角，高三尺餘，前有兩岐，表夫父母。上岐表父，下岐表母，隨先喪亡，除去一岐。舅姑俱歿，角冠全棄。其先強國，王，釋種也，蔥嶺之西，多見臣伏。」《洛陽伽藍記》卷五嚈噠王妃：「頭帶一角，長八尺，奇長三尺，以玫瑰五色裝飾其上。」呬摩呾羅，原書解釋：唐言雪山下，即梵文 Himatala，音近嚈噠 Hephthal。嚈噠是釋種，也即塞人 Saka，塔里木盆地西南部的原居民是塞人。西王母戴勝，不知是否源自塞人風俗。

　　阿爾泰山之北的巴澤雷克 5 號墓出土的掛毯上描繪了塞人的女神塔比提接見塞人的國王，女神手持生命樹。我認為周穆王朝見西王母的傳說就是來自塞人的這類故事，西王母或與塞人有關。

　　玉山又西四百八十里，曰軒轅之丘，無草木，出洵水，南流入黑水。軒轅丘和洵水在帕米爾高原。漢語稱險峻之地為轘轅，《管子·地圖》有轘轅之險。源自懸，現代閩南語的高仍然讀成懸。

　　又西三百里是積石山，也在帕米爾高原，《大唐西域記》卷十二：

〔註44〕〔晉〕法顯撰、章巽校注：《法顯傳》，北京：中華書局，2008 年，第 16～17頁。
〔註45〕林梅村：《古道西風：考古新發現所見中西文化交流》，北京：三聯書店，2000年，第 341、424 頁。

　　　　揭盤陀國，周二千餘里。國大都城，基大石嶺，背徙多河。周
　　二十餘里。山嶺連屬，川原隘狹……蔥嶺中荒川也，昔波利剌斯國
　　王，娶婦漢土，迎歸至此。時屬兵亂，東西路絕。遂以王女置於孤
　　峰。極危峻，梯崖而上下……於是即石峰上築宮起館，周三百餘
　　步。

　　揭盤陀國（Kavanta）的都城就是今天塔什庫爾干塔吉克自治縣南面的
公主堡，阿富汗北部朱茲詹（Jūzjān，《大唐西域記》卷一作胡實建國）的某
地理學家約寫於 982 年的《世界境域志》稱為 Bikath，基瓦（Khiva，今烏
茲別克斯坦希瓦）的科學家比魯尼（Bīrūnī，973～1048 年）稱這是塔什干的
首府，突厥語和希臘語稱為石塔。〔註 46〕塔什庫爾干 Tashqurgan，突厥語
tash 就是石，qurgan 是堡。斯坦因重新發現了這個古堡，當地人稱為 Qïz-
qurghan，即公主堡。〔註 47〕積石山可能是冰川漂礫，也可能是石塔。《天
問》：「崑崙縣圃……增城九重。」增城就是石頭城。沈福偉認為軒轅國是西
周移民所建，在今塔什庫爾干，即漢代蒲犁國。〔註 48〕毫無根據，根據考古
學家鑒定帕米爾高原的遺址人骨，上古就是印歐人種，西周移民不可能遠達
此地。

　　積石山有石門，水往西流，其實就是塔里木河和阿姆河的分水嶺。《史
記‧大宛列傳》：「於寶之西，則水皆西流，注西海；其東水東流，注鹽澤。」
其實分水嶺不在于闐，而是帕米爾高原。河水是中原人之誤，應即黑水（噴
赤河）。

　　又西的長留山，也在瓦罕走廊。可能是《大唐西域記》卷二二的商彌國，
長、商音近，《洛陽伽藍記》作賒彌，《魏書》作賒摩，〔註 49〕摩、留音近。
軒轅山出青雄黃，《大唐西域記》商彌國：「出雌黃，鑿崖析石，然後得之。」
一作雄黃，軒轅山所出的洵水，南入黑水，就是《大唐西域記》商彌國東北的
波謎羅川，西南流，注入縛芻河（噴赤河），《新唐書》作播密川，即今帕米爾

〔註 46〕 王治來譯注：《世界境域志》，上海古籍出版社，2010 年，第 115 頁。〔法〕
　　　　費瑯編、耿昇、穆根來譯：《阿拉伯波斯突厥人東方文獻輯注》上冊，北京：
　　　　中華書局，1989 年，第 180 頁。
〔註 47〕 〔唐〕玄奘、辯機著、季羨林等校注：《大唐西域記》，第 983～987 頁。
〔註 48〕 沈福偉：《說〈山海經〉是中國第一部地理志結集》，《周秦漢唐文化研究》第
　　　　二輯，三秦出版社，2003 年。
〔註 49〕 〔唐〕玄奘、辯機著、季羨林等校注：《大唐西域記》，第 980 頁。

河，注入瓦罕河，下游是噴赤河。帕米爾即波謎羅，軒轅山是今瓦罕山。而商彌國在波謎羅川西部，和《山海經》長留山在軒轅山之西也吻合。

又西是章莪山，有獸，如赤豹，五尾一角。有鳥，狀如鶴，一足，赤文青質而白喙，名曰畢方，見則其邑有譌火。猙似豹，有五個尾巴，其實是雪豹，五條尾巴是描述雪豹的尾巴粗大。畢方鳥像鶴，有紅色的花紋，出現的地方有火災。其實是火烈鳥的大火烈鳥種，分布在西亞、南亞和中亞，新疆也有極少發現。羽毛鮮紅，是鸛形目，很像鶴。喜歡單腳站在水中，被誤認為一足。拉丁文學名是 Phoenico pterus ruber，Phoenico 源自鳳凰 phoenix，而 phoenix 的原型很可能是火烈鳥，所以鳳凰在烈火中涅槃。有人誤以為畢方鳥是赤頸鶴，其實赤頸鶴在雲南、東南亞、印度及澳洲，所以不是畢方鳥。《海外南經》畢方鳥也是在西南方，在今南亞。

章莪山之西的陰山，流出濁浴水，南注蕃澤，多文貝。濁浴水可能是喀布爾河的支流，從興都庫什山南流。章莪山應是莪章山，即《大唐西域記》卷三的烏仗那國（Udyāna），在今巴基斯坦北部的斯瓦特河（Swāt）流域。〔註50〕亦即《海內東經》大夏之東的西胡白玉山之西南的蒼梧，蒼梧是梧蒼之誤。

《西次三經》西段示意圖

陰山又西二百里，到符惕山，符惕山的上古音是 bio-thyek 接近巴達赫尚 Badakhshān，即《大唐西域記》卷二二的缽鐸創那國，《魏書》是跋底延，都城在今阿富汗巴達赫尚省會法扎巴德 Fayzābād。〔註51〕

又西二百二十里為三危山，有三青鳥，《海內北經》：「西王母梯幾而戴勝，仗，其南有三青鳥，為西王母取食。」《大荒西經》：「有三青鳥，赤首黑目，一名曰大鵹，一名曰少鵹，一名曰青鳥。」漢代畫像磚上西王母旁常有三青鳥，《楚辭·九歎》：「三鳥飛以自南兮，覽其志而欲北。願寄言於三鳥兮，去飄疾而不可得。」洪興祖補注：「《博物志》：王母來見武帝，有三青鳥如烏大，夾王母。三鳥，王母使也。」《漢武故事》：「七月七日，忽有青鳥飛集殿前。東方朔曰：此西王母欲來。有頃，王母至，三青鳥俠侍王母旁。」陶潛《讀山海經》之五：「翩翩三青鳥，毛色奇可憐。朝為王母使，暮歸三危山。」又被引申為相思愛情的使者，李白《相逢行》：「願以三青鳥，更報長相思。」李商隱《無題》：「蓬山此去無多路，青鳥殷勤為探看。」李僑《擬古東飛伯勞西飛燕》：「傳書青鳥迎蕭鳳，巫嶺荊臺一數通夢。」

其實三青鳥是實際存在的鳥，今按《隋書·女國傳》：

> 在蔥嶺之南，其國代以女為王。王姓蘇毗……其俗貴婦人，輕丈夫……人皆被髮，歲初以人祭，或用獼猴。祭畢，入山祝之，有一鳥如雌雉，來集掌上，破其腹而視之，有粟則年豐，沙石則有災，謂之鳥卜。

西王母蓬髮，正是女國被髮（披髮）。女國用人祭而來，所以西王母殘暴，虎齒豹尾也可能是女王的打扮，西南少數民族穿獸皮衣，帶有獸尾，青海彩陶上有獸尾衣服的圖像。

因為女國是靠鳥食來確定豐收與否，所以訛傳為三青鳥，為西王母取食。

我認為，三青鳥即今人所說的黑鷳（Lophura leucomelana），理由如下：

1. 黑鷳是雞形目、雉科、鷳屬，所以《隋書》說如雌雉。

2. 黑鷳分布在雲南、西藏、印度北部、不丹、尼泊爾、巴基斯坦、泰國、緬甸和克什米爾的高海拔地帶，在西王母所居的崑崙山，《隋書》說在蔥嶺之南，位置符合。

3. 雄性黑鷳的羽毛是藍黑色，故名青鳥。黑鷳面部鮮紅色，所以三青鳥

〔註51〕〔唐〕玄奘、辯機著、季羨林等校注：《大唐西域記》，第 971 頁。

是赤首黑目，因為臉部鮮紅，所以黑色的虹膜特別顯著。

所以三青鳥就是黑鷴，三表示多。三青鳥不是藍馬雞（Blue Eared Pheasant），藍馬雞分布在寧夏、甘肅、青海和四川，而非崑崙山和帕米爾高原。三青鳥也不是藏馬雞，因為藏馬雞的羽毛主要是白色。三青鳥也不是褐馬雞，因為褐馬雞主要分布於陝西、山西、河北和北京。

彩陶的獸皮衣、黑鷴

2005 年，西藏噶爾縣門士鄉故魯甲寺門口發現一座古墓。2012 年出土青銅器、中原式鐵劍、微型黃金面具、王侯銘文絲綢殘片。王侯銘文的絲綢來自中原，在 3 至 4 世紀的新疆尉犁縣營盤墓地和 455 年的吐魯番阿斯塔那墓地出現過。附近的卡爾東古城，可能是象雄古國的都城，傳說中的穹隆銀城。門士鄉向西不遠是札達縣，有古格王朝的都城，古格王朝是象雄古國的延續。阿里高原產黃金，金面具也印證女國產黃金，國號就是金氏國。札達縣古格王國遺址出土了很多金銀佛像，還有金銀汁書寫的佛經、金漆壁畫。札達縣曲踏墓地出土的金面具，〔註 52〕我發現上面有重複出現的圖案，都是兩隻鳥銜來長長的穀穗，我認為這就是《山海經》的三青鳥為西王母取食圖。女國人依靠鳥腹內是否有糧食，預測該年是否豐收，所以鳥銜穀穗圖是祈求豐收之意。

故魯甲在噶爾縣最南部，東南不遠就是普蘭縣的岡仁波齊峰，也即四條大河的發源地，崑崙山最重要原型。西王母在崑崙山下，確有根據。故魯甲在印度河上游，是交通要道。向南通往尼泊爾，向東通往雅魯藏布江流域，向北通往新疆。所以這是商貿要衝，是西王母立國的經濟基礎。

〔註 52〕霍巍：《阿里高原象雄考古揭秘：「王侯」絲綢與黃金面罩》，《大眾考古》2015 年第 1 期。

噶爾縣出土的王侯銘文絲綢、金面具（上有三青鳥取食）

又西一百九十里為騩山，《山海經》多次出現騩山，即巍山、高山。又西
三百五十里為天山，已在阿富汗。此山有神焉，其狀如黃囊，赤如丹火，六足
四翼，渾敦無面目，是識歌舞，實為帝江也。我認為，其實這是瑣羅亞斯德教
（拜火教，Zoroastrianism）的火壇。

瑣羅亞斯德是上古的波斯人，創立瑣羅亞斯德教，有學者推測他在前 6～
11 世紀。據說他在前 588 年 42 歲時，受到大夏國王 Vishtaspa 接待。前 551
年，在大夏的激戰中，瑣羅亞斯德死於神廟。〔註 53〕瑣羅亞斯德教又名拜火
教，成為波斯阿奇美尼 Achaemenian 王朝（約前 550～330 年）的國教。亞歷
山大征服波斯後的希臘化時期（前 330～141 年），拜火教衰落。波斯薩珊王
朝（224～651 年），又成為國教。通過中亞的粟特人傳入中國，稱為祆教。前
4～2 世紀新疆阿拉溝墓出土青銅承獸祭祀禮器表明戰國時塞人已經接受了
拜火教。〔註 54〕《史記‧秦始皇本紀》嬴政鑄十二銅人，《漢書》霍去病獲得
休屠王的祭天金人，馬明達據《永樂大典》卷二三四一六《梧州府志》，指出
拜火教以金人祭天。〔註 55〕《魏書》卷一百二《西域傳》波斯國：「俗事火
神、天神。」《梁書》卷五四《諸夷傳》滑國：「事天神、火神，每日則出戶祀

〔註 53〕施安昌：《火壇與祭司：中國古代祆教美術考古手記》，紫禁城出版社，2004
年，第 3～5 頁。
〔註 54〕林梅村：《漢唐西域與中國文明》，文物出版社，1998 年，第 103 頁。
〔註 55〕馬明達：《說劍叢稿》，蘭州大學出版社，2000 年，第 261 頁。

神而後食。」天神就是拜火教，漢人創出祆字表示拜火教，稱為火祆教。《山海經》這個神，樣子像火，其實就是火，我們畫出的火總是類似布袋。這團火有六腳四翅，其實六個腳是拜火教的火壇下面的三頭有翼駱駝，四個翅膀也有可能是火壇旁邊的人頭鷹身 Xvarenah 聖鳥。1999 年太原發現隋代魚國人虞弘墓，石槨基座有火壇圖，兩旁有人頭鷹身聖鳥手提火壇。2000 年，西安發現北周同州薩保安伽墓，薩保是中亞粟特人的首領。墓門石額有火壇祭祀，火壇下面是三頭駱駝。法國考古隊曾在阿富汗的勒胡姆發現貴霜時期蘇赫—考塔爾（Surkh-kotal）遺址，其拜火教神殿高臺曾是火壇，殘缺的下部畫有兩隻鳥在火壇旁邊。粟特壁畫也有有翼神駝，可能是拜火教 Senmurv 神鳥。〔註56〕因為《山海經》作者所見的原圖，把拜火教的火壇附屬的駱駝或鳥畫得不清楚，後人以為這一團火是六足、四翼。當然混沌一片，沒有面目。此地既然在拜火教最早流行之地，而且《山海經》的這個山就叫天山，和拜火教的天神有關，所以這個神無疑是拜火教的火壇。

2014 年，塔什庫爾干縣曲什曼村的吉爾贊喀勒墓地發現 2500 年前的大型拜火教祭祀遺址，地面東西向間隔鋪滿放射狀的黑、白色石塊條，還發現火壇、火棍、鷹骨等拜火教文物。〔註57〕因為帕米爾高原冬天很冷，冬季時間長，所以人們特別崇拜火。

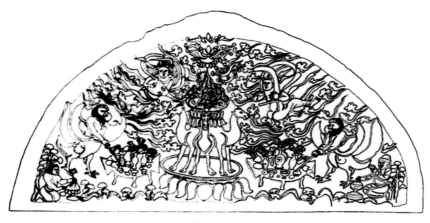

安伽墓三駝火壇圖

〔註56〕姜伯勤：《中國祆教藝術史研究》，三聯書店，2004 年，第 98～104、124～125頁。

〔註57〕巫新華、唐自華、王鵬、覃大海：《新疆塔什庫爾干吉爾贊喀勒墓地發掘報告》，《考古學報》2015 年第 2 期。

虞弘墓火壇圖

更為奇特的是，天山之後的泑山，有神名為紅光，西面是太陽落入之地，也即最西部的意思，是《山海經》的作者所瞭解的最西之地。這個紅光神絕不見於中國其他史書，一定是中亞的神祇，其實就是拜火教的崇拜的聖火。漢人給他起了一個漢化的名字，叫做紅光，其實原來的畫上就是一團火。此神不可能是日神，因為中國古人不太會把日神稱為紅光。

末尾的翼望山，上古音是 jiək-mang，音近呬摩呾羅 Himatala，從泑山到翼望山是水行百里，即噴赤河水路。泑山之西，科克查河出山，注入噴赤河。呬摩呾羅國之西的鉢利曷國，即今帕爾哈爾（Parkhar），其東南三百里是科克查河出山之地。

科克查河和噴赤河交匯處有希臘化城市遺址艾哈農（Ay Khanum，或譯阿伊·哈努姆）。前 328 年，亞歷山大進軍中亞。前 323 年亞歷山大死後，帝國瓦解，東方屬塞琉古帝國。前 246 年塞琉古帝國的巴克特里亞（Bactria）總督狄奧多特斯一世建立巴克特里亞王國，此即漢代人稱的大夏。艾哈農城有神廟、宮殿和造幣廠，有人推測可能是巴克特里亞國都，其實是其東部的要塞。〔註 58〕

戰國時代，中國和中亞的交流已經頻繁，來自地中海的文化輸入新疆，引發中國人的極大好奇，探險者深入到大夏都城，所以《山海經》的最西部正好在希臘化的國家。

〔註58〕〔匈〕哈爾馬塔主編、徐文堪譯：《中亞文明史》，中國對外翻譯出版公司，2001 年，第 62 頁。楊巨平：《阿伊·哈努姆遺址與希臘化時期東西方諸文明的互動》，《西域研究》2007 年第 1 期。

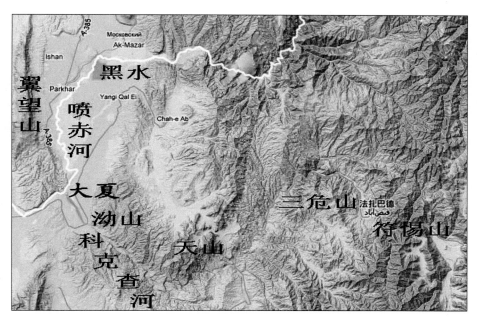

《西次三經》極西部示意圖

《西次三經》諸山位置表（▼指位置確定）

	山 名	本書新考位置	所出之水	流 向
1	崇吾山	甘肅敦煌		
2	長沙山	庫姆塔格▼	泚水（紅柳溝）	北入泑水（羅布泊）
3	不周山	若羌縣金雁山▼		
4	岳 山	阿爾金山▼	丹水（車爾臣河）	西入稷澤
5	鍾 山	蘇拉木塔格▼		
6	泰器山	托庫孜達阪山▼	觀水（尼雅河）	西入流沙
7	槐江山	喀什塔什山▼	丘時水（克里雅河）	北入泑水（塔里木河）
8	崑崙丘	崑崙山▼	河水（黃河）	南流動注無達（無棣）
			赤水（恒河或雅魯藏布江）	東南入氾天水（布拉馬普特拉河）
			洋水（薩特萊傑河）	醜塗水（印度河）
			黑水（噴赤河）	大杅（大夏）
9	樂遊山	皮山縣	桃水	西入稷澤
10	贏母山	葉城縣密爾岱山▼		

11	軒轅丘	瓦罕山▼	洵水（瓦罕河）	黑水（噴赤河）
12	玉　山	塔什庫爾干		
13	積石山	帕米爾高原▼	河水（噴赤河）	
14	長留山	帕米爾高原▼		
15	章莪山	阿富汗巴達赫尚省興都庫什山		
16	陰　山		濁浴水	南入蕃澤
17	符惕山			
18	三危山			
19	騩　山	阿富汗塔哈爾省興都庫什山		
20	天　山		英水	南入湯谷
21	泑　山			
22	翼望山	塔吉克斯坦		

第四節　《西次四經》地理

《西次四經》前 3 山所出之河皆西注於洛水（今北洛河），首山陰山在漢代西河郡陰山縣（在今陝西宜川縣），《水經注》說陰山出蒲水（今西川河），陰山在今宜川縣西與富縣、洛川縣、黃龍縣交界處。所出陰水，西流入洛（北洛河），在今富縣或洛川縣。

其北的勞山，畢注在保安縣（今志丹縣）西，郭郛《山海經注證》第 205 頁注為今延安、甘泉間的嶗山，從位置與名稱看，勞山更確切。《讀史方輿紀要》卷五七說甘泉縣勞山：「在縣北二十里，有大小二山，相傳宋狄青與夏人相拒，士卒疲困，嘗憩於此，因名。」出自後人附會。此山出弱水，畢沅說：「水即吃莫川也。《太平寰宇記》云保安軍：『吃莫川在軍北一十里，原出蕃部，吃莫川南流，在軍北四十里入洛。河不勝船筏。』案其川流道里，又云不勝船筏，即此經弱水也。」吃莫川在今志丹縣，則勞山遠離陰山，與原文不合，應是錯簡。

第 3 山罷父山在勞山西，出洱水，西流入洛，《隋書‧地理志》弘化郡洛源縣：「有博水、洱水。」洛源縣在今北洛河上游，罷父山在今甘泉、志丹、安塞縣交界處。罷父山，郝懿行校作罷谷山。〔註 59〕《元和郡縣圖志》卷三

〔註 59〕〔清〕郝懿行：《山海經箋疏》，巴蜀書社，1985 年。

延州延昌縣（今安塞縣西北）有罷交鎮，取城北罷交谷為名。谷、交音、形皆近，疑罷父山和罷交有關，即今志丹縣鐵炮峁（1528 米）。《水經注·河水四》：「赤水出西北罷谷，東流謂之赤石川，東入於河。河水又南合蒲水，西則兩源併發，俱導一山，出西河陰山縣。」楊守敬《水經注圖》定赤石川為今仕望河，罷谷在今宜川縣西北。此山附近沒有洱水，不是《山海經》罷父山。罷父源自豹的突厥語 babul，今吳起縣還有白豹鎮。

第 4 山申山在罷父山北，出區水，據《水經注·河水》，區水為今延河，申山在今安塞縣西北高峁山（1731 米）。

第 5 山鳥山、第 6 山上申山、第 7 山諸次山、第 8 山號山自南向北，分別出辱水、湯水、諸次水、端水，都東注黃河。辱水為今清澗河，鳥山在今安塞縣東北。湯水在譚其驤主編《中國歷史地圖集》中標為佳蘆河南面的一條小河（今佳縣閆家坪河），又把號山標在佳縣之北，[註60] 因其釋文未出版，不知有何根據。王北辰認為端水是窟野河、禿尾河間的一條小河，諸次水是今禿尾河，而不是楊守敬、熊會貞考定的佳蘆河。[註61] 我認為上申山應該靠近申山和申首山，湯水可能指溫泉，陝北唯一的溫泉是吳堡縣的橫溝溫泉，上申山可能在吳堡縣。諸次水可能是佳蘆，諸次山在今榆林市東麻黃梁（1357 米），楊守敬《水經注圖》即把佳蘆河當成諸次水。端水是禿尾河，號山在今神木縣西北。

第 9 山孟山出生水，據《水經注》，生水為今無定河，則孟山為今吳起縣北的白於山。第 10 山白於山北出夾水注入生水，即今定邊縣八里河，其尾閭尖滅於沙漠，古代可以流入不遠的無定河上游支流紅柳河，山南出洛水（今北洛河），白於山為今白於山之西的定邊縣花鳳梁子（海拔 1864 米）。《中國歷史地圖集》把今白於山當成古白於山，沒有區分孟山和白於山。

白於山西北的申首山冬夏有雪，應是極高山，應是定邊縣南部魏梁山（海拔 1907 米），所出申水「出於其上，潛於其下」，郭郛《山海經注證》第 219 頁認為這是指尾閭消失在沙漠中。申水為今紅柳溝，其北入沙漠。

申首山之西的涇谷山出涇水，即今涇河上游環江，涇谷山為今定邊縣西的馬鞍山（海拔 1875 米）。《山海經·海內東經》所附上古《水經》第 11 條

〔註60〕譚其驤主編：《中國歷史地圖集》第一冊，第 37 頁。
〔註61〕王北辰：《內蒙古烏審旗古代歷史地理叢考——龜茲縣、榆溪塞、契吳山》，收入氏著《王北辰西北歷史地理論文集》，學苑出版社，2000 年。

說：「涇水出長城北山，山在郁郅長垣北，入渭、戲北。」後世一般認為涇河發源於六盤山，但在這裡卻是另外一種說法。郁郅縣在今甘肅省慶陽市，長城（即長垣）為戰國秦長城，長城北山是個模糊的描述，因為長城以北是外族的領土了，或許是無名之地呢。不管怎樣，這裡把涇河的支流馬蓮河（環江）定為涇河正源了，其實按照「唯遠為源」的原則，環江確實應該被定為涇河正源。有人認為涇谷山出涇谷水，為今天水縣東柯河。〔註62〕其實《山海經》原文明明說的是東南流的涇水，不是涇谷水。在《山海經》里正確辨認的河流源頭，後世反而弄錯的，還不止這一個例子。比如《山海經》所附的《水經》說：「湘水出舜葬東南陬，西環之。入洞庭下。」湘水的真正源頭瀟水確實是出自傳說舜葬的九嶷山東南，向西環繞。海洋河因為和灕江上游通過靈渠溝通，地當要道，更加出名，後世受了《漢書・地理志》和《水經注》的誤導，把不是湘江正源的海洋河當成了湘江上游。〔註63〕這個錯誤一直影響至今，這兩則例子使我們不得不佩服《山海經》的作者。

　　《山海經》這裡提到申山、上申山、申首山、申水，無疑和滅亡西周的申國有關，從這些地名來看，申族應該活動在今安塞、榆林、定邊一帶。李峰先生在考察申國位置時，誤以為涇谷山在今甘肅省平涼地區，又參考了王成組《中國地理學史》中不精確的《山海經》地理示意圖，所以他誤以為申國在今平涼地區北部。〔註64〕何秋濤認為安塞縣的申山在最西，即《逸周書・王會》稱為西申，顧頡剛認為西申是相對封在南陽的南申而言，因為在西部，故名西申。〔註65〕《王會》講四方民族，故西申即申，不可能再區分申人內部的分異，顧頡剛之說為是。

　　涇谷山之西的剛山，出剛水，北流入渭，其西部的剛山之尾出洛水，北流入河剛水是今苦水河，剛水是今清水河，洛水是今祖厲河。剛山之西的英鞮山出涴水，北注於陵羊澤，涴水即今榆中縣宛川河，陵羊澤可能是黃河邊的沼澤。陵羊即羚羊，羚羊因為活躍於山陵而得名，羚是後起的形聲字。涴水疑即烏水，讀音很近。《漢書・地理志》安定郡說：「烏氏，烏水出西，北入

〔註62〕冀江：《〈水經注〉涇縠水考》，《歷史地理》第八輯，上海人民出版社，1990年。

〔註63〕陳義勇、鄧輝：《湘江的真正源頭在哪裏？》，《中國地名》2006年第11期。

〔註64〕李峰：《西周的滅亡——中國早期國家的地理和政治危機》，上海古籍出版社，2007年，第252～260頁。

〔註65〕顧頡剛：《顧頡剛讀書筆記》卷八，第215頁。

河。」烏氏即英鞮山之名由來，音近。

　　第 17 山邽山為今天水縣鳳凰山（海拔 1895 米），濛水為今羅峪河，應由《西山經》訛入，見《水經注‧渭水》。最末的鳥鼠同穴山為今鳥鼠山，崦嵫山原型似乎是焉支山（在今甘肅省山丹縣），但焉支（即胭脂、紅藍）可以是通名，所以也不能輕易判斷。此山又作弇茲山、弇州山，古人認為是最西的日落之地，《淮南子‧地形》九州就把最西的州稱為弇州。所以此處的崦嵫山不是山丹縣的焉支山，不是實指。

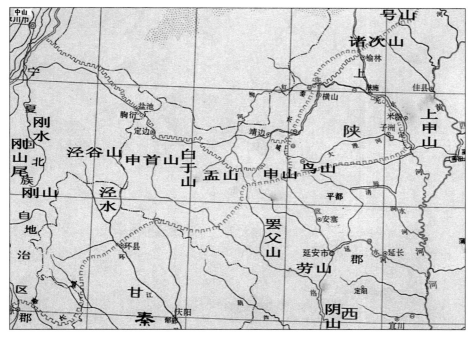

《西次四經》示意圖

《西次四經》諸山位置表（▼指位置確定）

	山　名	本書新考	所出之水	流　向
1	陰　山	宜川縣西▼	陰水	西入洛
2	勞　山	甘泉縣勞山▼	弱水	西入洛
3	罷父山	志丹縣鐵炮峁▼	洱水	西南入洛
4	申　山	安塞縣高峁山▼	區水（延河）	東入河
5	鳥　山	安塞縣東北▼	辱水（清澗河）	東入河

6	上申山	吳堡縣	湯水	東入河
7	諸次山	榆林麻黃梁▼	諸次水（佳蘆河）	東入河
8	號　山	神木縣	端水（禿尾河）	東入河
9	盂　山	白於山▼	生水（無定河）	東入河
10	白於山	定邊縣花鳳梁▼	洛水（北洛河）、夾水（八里河）	東入渭、東入洛
11	申首山	定邊縣魏梁▼	申水	
12	涇谷山	定邊縣馬鞍山▼	涇水	東南入渭
13	剛　山	環縣西北▼	剛水（苦水河）	北入渭
14	剛山尾	吳忠大羅山▼	洛水（紅柳河）	北入河
15	英鞮山	涇源縣六盤山▼	涴水（清水河）	北入陵羊澤
16	中曲山			
17	邽　山	天水▼	濛水（羅峪河）	南入洋（籍河）
18	鳥鼠同穴	鳥鼠同穴山▼	渭水	東入河
19	崦嵫山		苕水	西入海

第五節　《西山經》與戰國形勢

《西山經》地域都在秦國範圍內，相較東方六國，秦國佔有地利優勢。其實戰國早期的秦國不像後來那樣固若金湯，《史記·秦本紀》記載秦孝公下令國中曰：「昔我繆公自岐、雍之間，修德行武，東平晉亂，以河為界，西霸戎翟，廣地千里，天子致伯，諸侯畢賀，為後世開業，甚光美。會往者厲、躁、簡公、出子之不寧，國家內憂，未遑外事，三晉攻奪我先君河西地，諸侯卑秦，醜莫大焉。獻公即位，鎮撫邊境，徙治櫟陽，且欲東伐，復繆公之故地，修繆公之政令。寡人思念先君之意，常痛於心。」秦國一度喪失黃河之險，楚國曾突襲到藍田，那時漢中是楚地，〔註66〕可見秦嶺也是秦人關注的重要天險。

《西次二經》開頭兩山在渭、洛下游，第三山突然飛到隴山，讓人費解，中間的渭河谷地北緣有很多高山。聯繫到《西次四經》的位置，我們不難想到：《西次二經》開頭兩山在今大荔、合陽，北接《西次四經》最南面的陰山（黃龍山），在今宜川、黃龍。而《西次四經》諸山在陝北蜿蜒曲折，最終來

〔註66〕楊寬：《戰國史》，上海人民出版社，1998年，第361～361頁。

到鹽池、環縣、固原，又西接《西次二經》西段的隴山（六盤山），再向西到赤水。《西次四經》第16山英題山或第17山中曲山西接《西次二經》西段最北的第6山龍首山或第7山鹿台山，向南到《西次二經》西段最南的第3山數歷山，在今寶雞北部，再接上《西次二經》末尾赤水（今洮河、黃河）流域的十座山，最終到達《西次四經》末尾的鳥鼠同穴山和崦嵫山。原來《西次四經》是和《西次二經》連為一體，再和《西山經》首篇形成一個圓環，這個山環就是關中的四塞，《西次四經》正是戰國時秦國北界。《西次二經》為東西不相連的兩段，可能是《山經》作者據圖成書，分割不當。

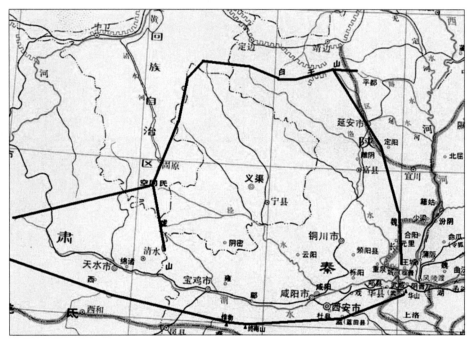

《西山經》東部諸山（黑線）環繞關中示意圖

《西次四經》從陰山（黃龍山）開始，一路向北，第8山號山在今榆林、神木縣，原文說：「又北二百二十里，曰盂山。」但是第9山盂山其實是在號山西南很遠處，緊接第4山申山的西部，我們看秦長城的走向就明白。秦長城在榆林達到最北端，向西南延伸，經白於山，西南到六盤山，所以《西次四經》也是先向北到神木縣，突然折向西南的白於山，向西經過定邊縣、鹽池縣南部，西接《西次二經》西段的六盤山，最後到達渭水源頭的鳥鼠山。

除《西次三經》外，《西山經》就是秦國的疆域。《西山經》首篇在洮河附

近結束，因為這裡是秦國的西界。在這個山環之內的關中地區都沒有敘述，因為關中是秦國的腹心地區，其軍事重要性遠遠不如四塞諸山。

河湟到柴達木盆地被稱為羌中，《史記·秦始皇本紀》：「地東至海暨朝鮮，西至臨洮、羌中，南至北向戶，北據河為塞，并陰山至遼東。」羌中二字常為人忽視，秦朝在羌地有較大影響，所以《西次二經》到達青海湖東北部。《史記·大宛列傳》記載張騫在大月氏：「留歲餘，還，並南山，欲從羌中歸，復為匈奴所得。」南山就是崑崙山，張騫想從柴達木盆地回漢朝。

秦人出自西方，很早就征服戎狄諸國，《秦本紀》秦武公十年（公元前 688 年）伐邽、冀戎，初縣之。秦穆公三十七年（公元前 623 年），秦用由余之謀，伐戎王，益國十二，開地千里，遂霸西戎。秦孝公元年（公元前 361 年）斬西戎獂王（在今甘肅隴西縣），《水經·河水注》記秦昭王十八年（公元前 289 年）設隴西郡。《秦本紀》秦厲共公三十三年（公元前 444 年），伐義渠，虜其王。秦惠文王十一年（公元前 327 年）在義渠設縣，更元十年（公元前 315 年）取義渠二十五城，秦武王元年（公元前 310 年）伐義渠。

咸陽城內有很多秦人俘虜的戎翟君公，《史記·秦始皇本紀》：「長信侯（嫪）毐作亂而覺，矯王御璽及太后璽以發縣卒及衛卒、官騎、戎翟君公、舍人，將欲攻蘄年宮為亂。」被秦人征服的西北民族，有的和秦人融合，被漢朝人稱為秦胡，有的編入漢朝軍隊，有的流落到中亞，被稱為秦人。〔註67〕秦始皇開疆拓土，自然想瞭解西域，絲綢之路上很早就有很多商人和使者，因而《西次三經》能寫到阿富汗。其實《西次三經》末尾的帕米爾高原西段是青藏高原的延伸，《漢書·西域傳》說西夜國：「東與皮山、西南與烏秅、北與莎車、西與蒲犁接。蒲犁及依耐、無雷國皆西夜類也。西夜與胡異，其種類羌氐行國，隨畜逐水草往來。塔里木盆地西南部的原居民是伊朗語族的塞人，帕米爾高原的塔吉克人也是伊朗語族。伊朗語的黑色是 siyâh，我認為就是西夜的語源。

西域的道路中，最為重要的是塔里木盆地的南道，因為南道經過于闐（今和田），輸出崑崙玉，所以中原人最熟悉南道。《西次三經》就是經過南道，《海經》提到玉門，沃野也是在塔里木盆地。

〔註67〕趙永復：《兩漢時期的秦人》，《歷史地理》第九輯，上海人民出版社，1990 年。

第三章 《北山經》地理

　　《北山經》地域範圍在今山西省大部分地區、河南省西北部、內蒙古南部、河北西部和北部，在古人的地理格局中，這裡是黃河以北地區，現在也是華北地區。其中山西東部和河北西部、河南西北部交界地區，考證較易。但是山西西北部和內蒙古南部、河北北部地區，錯簡較多，又是華夏邊緣地區，地名變更較多，所以考證較難。

第一節　《北山經》首篇地理

　　因為《北山經》三篇的錯簡最嚴重，所以《北山經》首篇就有很多錯簡，其中很多山應該是《西山經》錯入《北山經》的內容。第 1 山單狐山，所出之水，西流注入泑水，很可能是西流注入泑澤（羅布泊）之水。今天科學家考察認為甘肅的河流歷史上也不能流入羅布泊，可能是古人誤以為流入白龍堆為流入羅布泊。第 2 山求如山，出滑水，西流注入諸毗水，而《西次三經》不周山：「北望諸毗之山。」崑崙山東北的槐江山：「北望諸毗，槐鬼離侖居之。」諸毗水對應《西次三經》諸毗可以對應，諸毗是沙漠的通名。

　　第 1 山單狐山、第 8 山丹薰山，讀音都接近敦煌，或許是同源地名，單狐山在今敦煌附近。狐的上古音是匣母魚部 hua，薰是上古音是匣母文部 huən，薰和黑、昏等字是同源字。單狐山所出的潃水應是冥水，讀音接近，西漢在今瓜州縣東北部有冥澤，有冥安縣，冥水可能是今疏勒縣，西流入泑澤（羅布泊），單狐山在今青海省天峻縣北部。第 2 山求如山在今瓜州縣東南部，滑水是蘆草河或榆林河，西北流入沙漠。

第 10 山邊春山出槙水，西流入泑澤。第 12 山單張山出櫟水，南流入槙水。第 13 山灌題山，下多流沙，多砥，出匠韓水，西流注入泑澤，其中多磁石。甘肅西北有沙漠，也出砥礦，唐代李吉甫《元和郡縣圖志》卷四十說肅州（治今酒泉）貢礦石。匠韓水西流入泑澤（羅布泊），應在羅布泊東部。若羌縣到哈密、甘肅一帶有很多磁鐵礦，哈密南部的磁海鐵礦是大型鐵礦。但是這三座山不應在哈密，否則就從河西走廊的南山忽然飛到北部。

槙水應是黨河，其源頭的第 10 山邊春山在今德令哈市北部。櫟水可能是今肅北蒙古族自治縣的野馬河，西流入黨河，古人誤以為是南流，第 12 山單張山在今肅北縣東南部。不過從位置來看，第 12 山單張山之下的第 13 山灌題山、第 14 山潘侯山在今阿克塞縣南部，則單張山可能在今阿克塞縣東南部，則櫟水南流入槙水可能是北流入槙水之誤。櫟水是源自今阿克塞縣東南的河流，可能是陽關河，北流入黨河。阿克塞縣南部有櫟澤，則櫟水的地名和位置都很吻合。第 11 山蔓聯山，在邊春山、單張山之間，是在今肅北縣南部的黨河南山。

第 13 山灌題山在第 12 山單張山之西，灌題山，下多流沙，多砥，出匠韓水，西流注入泑澤，應在今阿克塞縣西南部，匠韓水是青石溝，北流為多巴溝，西北流入白龍堆。

第 14 山是潘侯山，西漢張掖郡有番和縣，潘侯的讀音非常接近潘和，潘的聲旁是番，番的上古音就是潘，現代廣東番禺的番字保留了上古音。所以潘侯、番和是同源地名，雖然潘侯山不在番和縣，但是仍然能說明潘侯山最有可能在甘肅。潘侯山有旄牛，則在青藏高原，應在今阿克塞哈薩克族自治縣的南部。潘侯山出邊水，南流入櫟澤，櫟澤在今阿克塞縣南部的盆地，其中有蘇干湖、小蘇干湖等湖泊。

第 17 山敦薨山出敦薨水，西流注泑澤，在崑崙東北隅，是黃河之源，說明在今敦煌附近。敦薨水即棠水，也即黨河的由來，在今敦煌附近，敦薨山也可能在潘侯山之西。

譚文既認為泑澤是通名，又認為這個泑澤在今騰格里沙漠，他認為本經諸山在賀蘭山、卓資山──狼山、陰山一線上。但是賀蘭山在河西，卓資山在河東，狼山、陰山在河北，同一列山怎麼會忽而在河東，忽而在河西，忽而在河北呢？古人撰述必有章法，《山經》尤其有序，不可能如此布局。全篇走向是由南向北，但是狼山、陰山是東西向的，《山經》的方向誤差不可能這麼大。

第 18 山少咸山出敦水（今白登河），東流注入雁門水（今南洋河），見《水經注·纝水》，是今陽高縣西北。小咸山四季有雪，大咸山不可以上，應是少咸山的南北。

少咸山之北的第 19 嶽法山，其實應在《北次三經》雁門山之北，嶽法山出瀤澤水，東北流入泰澤，第 25 堤山所出堤水，東入泰澤。《北次三經》雁門山「又北水行四百里，至於泰澤。其中有山焉，曰帝都之山。」泰澤是大湖，譚文認為是岱海或黃旗海。今按黃旗海在雁門山西北，但不足 400 里，岱海在雁門山西南，所以泰澤應該是察汗淖爾或安固里淖爾。嶽法山在今興和縣或尚義縣，考慮到《北次二經》從沽源縣到克什克騰旗，首篇的第 20～24 山最有可能在興和縣和沽源縣之間。泰澤就是《海內經》雁門之北的大澤，其東是東胡。

第 23、24、25 山多馬，第 24 山北鮮山所出鮮水，西北流入涂吾水，涂吾是吐火羅語的馬 yakwe，《史記》、《漢書》記載匈奴有餘吾水，《漢書·武帝本紀》元狩二年夏：「馬生余吾水中。」王先謙《漢書補注》認為不在匈奴，而在上黨郡余吾縣，我認為源自上古南遷的余無戎，右北平郡有徐無縣（今河北遵化東）。

第 4 山譙明山出譙水，西入黃河，第 5 山涿光山出囂水，西入黃河，徐旭生認為和《山海經·海內北經》中舜妻登比氏所生二女宵明、燭光有關，在山西龍門附近。〔註1〕《海經》的方向和里距往往不准，《海內北經》宵明雖然在凌門山（龍門山）之後第 2 條，但是宵明未必在龍門附近。我認為譙水可能即今臨縣湫水河，漢代在臨水縣，《太平寰宇記》卷四二石州定胡縣引《冀州圖》說：「湫水河，北從樓煩郡南入龍泉郡，經呂梁。」又引《尸子》說：「呂梁未闢，河出孟門。」可見這裡也被看成是黃河源頭，《水經注》卷三《河水》引司馬彪曰：「呂梁在離石縣西。」《冀州圖》是隋代書，可見湫水之名在北朝就有。宵明山在今興縣東南，主峰油糧圪洞（2250 米）。

囂水可能就是呂梁市的北川河，古名赤洪水，上古音囂為曉母宵部 xiô，洪為匣母東部 hong，讀音很近。涿光山在今方山縣北的赤堅嶺，即赤洪水源頭。

第 3 山帶山應在興縣和岢嵐山之間，所出彭水，應為今蔚汾河，汾、彭音近，上古音汾為幫母文部 piuən，彭為並母陽部 beang，旁紐，則帶山為興

〔註1〕徐旭生：《中國古史的傳說時代》，文物出版社，1985 年，第 249 頁。

縣之東的白龍山（2275 米）。

第 6 山虢山，7 山虢山之尾，應在離石之南，漢有皋狼縣，治今方山縣峪口鎮南村，虢疑即皋狼之合音，虢為見母鐸部 kuak，皋是見母幽部 ku，狼是來母陽部 lang。虢山在皋狼城西，即今離石西北、柳林東北諸山，所出之水在今柳林縣北。虢山在北，應為鳳凰山，其南之尾為馬家山。

第 8 山丹薰山出薰水，西流入棠水，棠水是薰河，也可能在西漢的土軍縣，丹薰和土軍讀音接近。土軍縣在今石樓縣北部的土門，薰水是今土門河，西流入屈產河，棠水是屈產河。

第 9 山石者山：「有獸焉，其狀如豹，而文題白身，名曰孟極。是善伏，其鳴自呼。」可能是雪豹，石者山是石樓山，在今石樓縣東南。

《北山經》首篇有很多錯簡，按照地理位置，可以分為三段：

1. 第 1～3、10～14、17 山在今甘肅西北部和新疆東部，是《西次三經》的錯簡。《西次二經》的西端到青海湖之北，西北接《北山經》首篇首山，在疏勒河源頭。

2. 第 4～9 山在今山西的西北部的呂梁山，是《北次二經》的錯簡，從北向南，在《北次二經》諸山之間。

3. 第 15、16、18～25 山由南向北，在山西的北部到內蒙，是《北次三經》的錯簡，南接《北次三經》。

所以《北山經》首篇原來不存在，應該分別歸入《西次三經》、《北次二經》和《北次三經》。

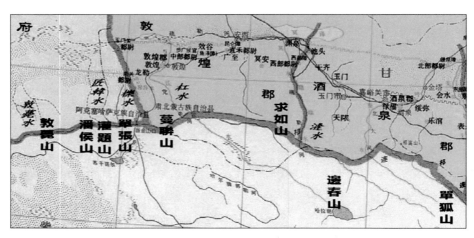

《北山經》首篇的祁連山脈

《北山經》首篇位置表

	山 名	今 地	所出之水	流 向
1	單狐山	敦煌附近	漨水（疏勒河）	西入泑水
2	求如山		滑水（蘆草河）	西入諸毗水
3	帶 山	興縣東南白龍山▼	彭水（蔚汾河）	西入芘湖水
4	譙明山	油糧圪洞▼	譙水（湫水河）	西入河
5	涿光山	方山縣赤堅嶺▼	囂水（北川河）	西入河
6	虢 山	呂梁西北鳳凰山▼	伊水	西入河
7	虢山尾	柳林縣北馬家山▼	魚水	西入河
8	丹薰山	石樓縣北部	薰水（土門河）	西入棠水（屈產河）
9	石者山	石樓縣東南	泚水	西入河
10	邊春山	阿克塞縣東南	檳水（黨河）	西入泑澤
11	蔓聯山	阿克塞縣南部		
12	單張山	阿克塞縣西南	櫟水（陽關河）	南〔北〕入檳水
13	灌題山	阿克塞縣西南	匠韓水（多巴溝）	西入泑澤（羅布泊）
14	潘侯山	阿克塞縣西南	邊水	南入櫟澤（蘇干湖）
15	小咸山	陽高縣西北		
16	大咸山	陽高縣西北		
17	敦薨山	阿爾金山	敦薨水	西入泑澤
18	少咸山	陽高縣西北	敦水	東入雁門水
19	獄法山	興和縣或尚義縣	瀤澤水	東北入泰澤（察汗淖）
20	北嶽山		諸懷水	囂水
21	渾夕山		囂水	西北入海
22	北單山			
23	羆差山			
24	北鮮山		鮮水	西北入涂吾水
25	堤 山		堤水	東入泰澤

第二節　《北次二經》地理

　　《北次二經》自南向北，共 16 山。前 4 山在《水經注》有記載，譚其驤認為：首山管涔山出汾水，在今山西省寧武縣西南，次山少陽山出酸水，注

入汾水，是今交城、靜樂縣的關帝山，見《水經注·汾水》。第三山懸雍山出晉水注入汾水，見《水經注·晉水》，是今太原市西南的龍山。第四山狐岐山出勝水注汾水，見《水經注·文水》，在今孝義市之西。今按：楊守敬《水經注圖》認為酸水是今婁煩縣的澗河，勝水可能是孝義縣孝河（今兌鎮河），兌鎮河正是向東北流，晉祠西山今地圖為天龍山。

第 5 山為白沙山，《水經注·汾水》：「汾水於（大陵）縣左迤為鄔澤……許慎《說文》曰：湯水出西河中陽縣北沙，南入河。即此水也……（太穀水）西接鄔澤，是為祁藪，即《爾雅》所謂昭余祁也。」白沙山疑即北沙（後應脫山字），白、北音近，但是湯水不是鄔澤，因為漢代的中陽縣在今呂梁市，而曹魏之後的中陽縣在今孝義市，所以漢代的湯水是今柳林縣三川河。白沙山是今中陽縣的上頂山（2100 米），其東即孝義市。

第 6 山爾是山，疑即茲氏山之誤，茲氏縣在今汾陽市，山在汾陽市西，最高峰為石樺崖（2043 米）。

第 7 山狂山出狂水，西入浮水，狂水疑即呂梁市東川河上游，山在呂梁市東和汾陽市、文水縣界上，最高峰骨脊山（2535 米）。

第 8 山名諸餘山，出諸餘水，東入旄水，第 9 山敦頭山出旄水，東流注印澤，第 11 山北嚻山出涔水，東流注入邛澤。印澤、邛澤應為祁澤之形訛，即祁縣的昭餘澤。諸餘水、旄水疑即今文峪河上游，涔水為交城縣磁窯河，都是向南注入昭餘澤。諸餘即昭余，因為文峪河是注入昭餘澤的最大河流，所以與澤同名。上古音諸為章母魚部 teya，昭為章母宵部 teiô，雙聲，讀音極近。則諸餘山是今交城縣西北的馬頭山（2186 米），敦頭山是交城縣西北的北雲頂山（2659 米）。其實文峪的正源就是諸餘山，但是《山經》誤以為是旄水的支流。第 11 山北嚻山是今交城縣北的交城山（2202 米），其實在雲頂山東南，但是原圖測量不精，按照河流次序排比源頭諸山，所以誤以為在北。上古音旄是明母宵部 mô，文是明母文部 miən，讀音很近，旄水是今文峪河上游支流葫蘆河。

第 10 山鉤吾山在交城山和北雲頂山之間，最高峰高塔岇（2108 米）。

顧頡剛懷疑《北山經》的長澤、泰澤、少澤、黃澤、海澤、泜澤都是太原盆地的昭余祁澤，因為《漢志》太原郡說：「九澤在北，是為昭余祁，并州藪。」今按顧說大謬，[註2]昭餘澤的九澤和塞外的泰澤、河內的長澤、運城

〔註 2〕顧頡剛：《顧頡剛讀書筆記》卷八，第 120 頁。

的少澤、河北平原的黃澤、海澤、泜澤無關。

本經前段在今山西中部，後段在壩上高原，第 12 山梁渠山出修水，東流注於雁門，《水經注·灅水》釋為於延水，譚先生認為是今之洋河。第 14 山湖灌山出湖灌水，東流注於海，譚先生釋此水為沽水（今白河），山為今大馬群山。譚先生認為其他山川無考。

《北次二經》第 12 山梁渠山出修水，東流注入雁門水，《水經注·灅水》認為修水是《漢書·地理志》的於延水，修水即今東洋河，在河北省懷安縣與南洋河匯合，梁渠山在今興和縣西部。

第 13 山是姑灌山，第 14 山湖灌山出湖灌水，東入海。向北水行五百里，流沙三百里，到洹山，三桑生之，其樹皆無枝，其高百仞。湖灌水是沽水（今潮白河的上游白河），湖灌山是今河北沽源縣西南諸山，主峰石人山（1744米）。姑灌山在其西南，可能是今崇禮縣東北的樺皮嶺（2129 米）。《山海經》說湖灌水入海，而《說文》說沽水東入海，譚文指出《水經》稱為沽河，因為其入海口和黃河的河口很近。

湖灌山從沽水源頭，向北不遠，就是閃電河，流入沽源縣，向北到內蒙古正藍旗轉彎，所以水行五百里指閃電河水路。到正藍旗境內，再向北是渾善達克沙地，就是流沙三百里。高達百仞的大樹，在今克什克騰旗。北部有沙地雲杉林，南部也有森林。顧頡剛懷疑高大無枝的三桑是椰子，〔註3〕椰子不可能在塞外。

湖灌、洹、烏丸音近，源自蒙古語的紅色 ulan，一般譯為烏蘭，《魏書·官氏志》：「烏丸氏，後改為桓氏。」《史記·匈奴傳》：「東胡初輕冒頓，不為備。及冒頓以兵至，擊，大破滅東胡王，而虜其民人及畜產。」《後漢書·烏桓鮮卑列傳》：「烏桓者，本東胡也。漢初，匈奴冒頓滅其國，餘類保烏桓山，因以為號焉……使護死者神靈歸赤山。赤山在遼東西北數千里，如中國人死者魂神歸岱山也。」最早的烏丸山是洹山，在今克什克騰旗南部的紅山子，又名烏蘭布統。末尾的敦題山，蹲於北海，或許是達賴淖爾。顓頊葬地附禺山就在此處，《大荒經》從此開始，這是域內和域外之界。

《北次二經》也有很多錯簡，可以分為三段：

1. 第 1～4 山，由北向南，在汾水之西。
2. 第 5～11 山，由南向北，在第 3 山和第 4 山之間。

〔註 3〕顧頡剛：《顧頡剛讀書筆記》卷八，第 121 頁。

3. 第 12～16 山，其實應在《北次三經》第 45 山雁門山之後。

其實《北次二經》的前兩段之間，就是《北山經》的第 2 部分第 3 到第 9 山，正好銜接為一列。所以《北山經》的第二部分應該在《北次二經》，《北次二經》末尾的五座山在《北次三經》。

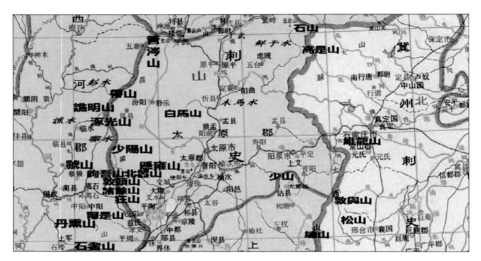

《北山經》中部諸山地圖

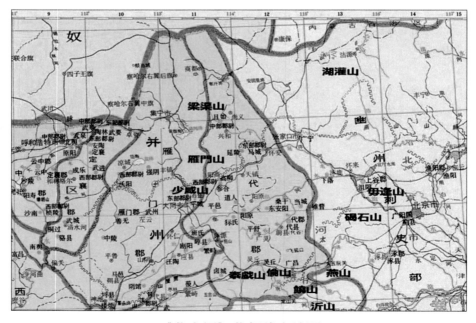

《北山經》北部諸山地圖

《北次二經》諸山位置表（▼指位置確定）

	山　名	本書新考	所出之水	流　向
1	管涔山	管涔山▼	汾水	西入河
2	少陽山	關帝山▼	酸水（潤河）	東入汾
3	縣雍山	天龍山▼	晉水	東南入汾
4	狐岐山	孝義市西▼	勝水（兌鎮河）	東北入汾
5	白沙山	中陽縣上頂山▼	鮪水	潛於下
6	爾是山	汾陽市石樺崖▼		
7	狂　山	呂梁市骨脊山▼	狂水（東川河）	西入浮水
8	諸餘山	交城縣馬頭山▼	諸餘水（文峪）	東入旄水
9	敦頭山	交城縣雲頂山▼	旄水（葫蘆河）	東入印澤
10	鉤吾山	交城縣高塔嵓▼		
11	北囂山	交城縣交城山▼	涔水（磁窯河）	東入邛澤
12	梁渠山	興和縣▼	修水（東洋河）	東入雁門水
13	姑灌山	崇禮縣樺皮嶺▼		
14	湖灌山	沽源縣石人山▼	湖灌水（白河）	東入海
15	洹　山	克什克騰旗黃崗梁▼		
16	敦題山			

第三節　《北次三經》地理

《北次三經》首山太行山在今沁陽市北，見《水經注》卷九，《太平寰宇記》卷五十三懷州河內縣（治今沁陽市）說：「太行山，在縣北二十五里……太行陘，在縣西北三十五里。」

太行山在地域上鄰近第 8 山王屋山，王屋山在今濟源市西北。王屋山在太行山西南，而非經文所言東北方。同樣，王屋山東北的第 9 山教山（今歷山）實在其西北，見於《水經注》卷四，所出教水即今山西垣曲縣沇水。《太平寰宇記》卷四十七絳州絳縣：「教山，今名效山，亦名罩山，在縣東南八十五里。」沇水的源頭是翼城縣、絳縣交界處，主峰是絳縣東南的馬兒岩（1973 米）。

教山又南三百里，為第 10 山景山，南望鹽販之澤，北望少澤，前者即解池，後者是董澤，少澤即小澤，相對於鹽池較小而得名，董澤是因為董氏得

名，景山在聞喜縣唐王山（1571米）。《山海經》卷六《涑水》：

> 涑水西逕董池陂南，即古董澤，東西四里，南北三里。《春秋‧文公六年》，蒐於董即斯澤也。涑水又與景水合。水出景山北谷。《山海經》曰：景山南望鹽販之澤，北望少澤⋯⋯郭景純曰：鹽販之澤即解縣鹽池也。按《經》不言有水，今有水焉，西北流注於涑水也。

酈道元誤以為景水是後來出現，《山海經》未載。景山和霍山是晉國最重要的兩座山，《國語‧晉語二》：景、霍以為城，而汾、河、涑、澮以為渠，戎、狄之民實環之。」景山疑即夏山，《韓世家》：「（釐王）六年，與秦武遂地二百里。十年，秦敗我師於夏山。」夏山或距武遂不遠，地近夏朝古都安邑。《太平寰宇記》卷四十六聞喜縣：「景山，在縣東南十八里。」十八里是應是八十里之誤。

太行山和王屋山之間的六座山應該在今濟源之北，第8山王屋山在今垣曲縣東北的歷山鎮舜王坪（2322米），所出的灂水即聯水，西北流入泰澤，其實是指其北部沁水縣中村鎮所出的續魯河，《水經注》稱為洮水，出自清廉山西嶺，聯水可能源自廉嶺。西流到翼城縣、絳縣，到今曲沃縣東部，注入董澤也即泰澤。第7山賁聞山，在今翼城縣東南部。第6山陽山，在今山西陽城縣西南，留水南流入河，即今陽河，在今濟源入河。

第5山天池山，如衛、徐注，是濟源市的仰天池或太乙池，見於《河南通志‧川志》，太乙池在天壇山西崖，則王屋山指其西北的鼇背山（1929米）。不過太行山、王屋山太近，所以第2～4山應該在太行山之東。

第4山咸山出條菅水，向西南流入長澤，條菅水是今濟源西北的漠水，讀音接近。第3山馬成山、第2山龍侯山在今濟源的東北，龍侯山所出的決決水東流入河，是今蟒河，源自今陽城縣南部。

第11山孟門山，又在太行山東北，《左傳》襄公二十三年說：「齊侯遂伐晉，取朝歌，為二隊，入孟門，登大行。」朝歌在今河南淇縣，《太平寰宇記》卷五三懷州修武縣，天門山在縣西北三十七里，卷五六衛州共城縣（治今輝縣市）：「天門山，在縣西五十里。」孟門應即天門，即今修武縣之北的雲台山，這是太行山以東的最大通道，又名白陘，是太行八陘第二陘。

第12山平山出平水，潛行其下，應即長泉水，《水經注》卷九《清水》：「（清水）又東，長泉水注之，源出白鹿山，東南伏流，逕一十三里，重源濬

發於鄧城西北，世亦謂之重泉水也。又逕七賢祠東。」《太平寰宇記》卷五三獲嘉縣：「七賢祠，在縣西北四十二里。」長泉水即今源自山西陵川縣的磨河，有岩溶地貌，今陵川縣有黃圍溶洞。《山海經》的平山不是今磨河源頭，而在今白鹿山，《太平寰宇記》卷五六衛州共城縣說：「白鹿山，在縣西北五十三里。」白鹿山在今輝縣市西北的平甸村附近。

第13山京山，應即共山，在古共城縣（今輝縣市）北，上古音京為見母陽部 kyang，共為見母東部 kiong，讀音極近。出高水，南流入河，即今輝縣市西北的石門河。京和岡是同源字，源自高。

此後諸山大體向北，在晉東、冀西，實際上是東、南向流入河北平原的河流的一系列發源地，譚其驤《〈山經〉河水下游及其支流考》有詳細考證，但是譚文仍有錯漏。

第14山蟲尾山出丹水，南流注入河水，出薄水，東南流入黃澤，譚文認為此黃澤不是內黃縣的黃澤，我認為黃澤即內黃縣的黃澤，丹水即蕩水，即今湯河，南源在鶴壁東南，北源在今鶴壁東北，流經湯陰，向東注入永通河，上古流入黃河。薄水即防水，上古音薄為並母鐸部 bak，防為並母陽部 biang，雙聲，鐸陽對轉，《水經注》卷九《蕩水》說防水出自馬頭澗，東南歷黃澤，入蕩水（湯水）。防水即今安陽市南部的洪水河，馬頭澗即今安陽西南的馬投澗鄉，所以蟲尾山在今安陽市西南的鳳凰崗，其西南是湯河的北源。

第15山彭毗山，出淝水，南流入床水，譚文未釋，其實是淝水、倉水，《水經注》卷九《清水》：

> 清水又東逕故石梁下，梁跨水上，橋石崩褫，余基尚存。清水
> 又東，與倉水合。水出西北方山西倉穀，谷有倉玉、璠石，故名焉。
> 其水東南流，潛行地下，又東南復出，俗謂之淝水。

淝、肥音近，倉、床音近，方山即彭毗山，方是幫母陽部 piang，彭是並母陽部 beag，幫並旁紐，讀音極近，此山在今衛輝市北部。《太平寰宇記》卷五十六衛州汲縣說：「蒼山，在縣北十五里，酈道元注《水經》云：山西谷有蒼谷，有蒼玉、璠石。」應是蒼玉。

第16山小侯山，出明漳水，南流入黃澤，譚文未釋，我認為明漳水就是洺水，《初學記》卷八引《水經注》：「洺水一名漳水。」《太平寰宇記》卷五六磁州武安縣：「洺水，本名漳水，源出縣西北三門山，山下去縣八十三里。」

洺水又名漳水，所以《山海經》稱為明漳水，《水經注》有清漳水、濁漳水，這個明漳水原來注入漳水，所以很可能也是區分清漳水、濁漳水得名。黃澤就是《水經注》的黃塘泉，在今曲周縣，小侯山在今武安縣西北的青岩寨（1899 米）。

第 17 山泰頭山，出共水，南流入滹沱，這是錯簡。

第 18 山軒轅山，未記河流。

第 19 山謁戾山出沁水，出丹林水，都是南流入河，又出嬰侯水，北流入汜水，沁水即今沁河，山是今太嶽山。丹林水，譚文認為即丹水，丹水不是出自太嶽山，此處原文有誤。

第 20 山沮洳山，出濝水，南流入河，譚文釋為淇水，則山在今山西陵川縣東部六泉鄉的棋子山，泉水很多，故名沮洳。

第 21 山神囷山，出黃水，東流入洹水，又出滏水，東流入歐水。洹水在漳水南，滏水在漳水北，譚文認為滏水在漳水南，不知所指。其實這裡是原書傳抄時脫去一山，滏水所出之山在洹水源頭之北，又在沮洳山北，這三山是前後相連的。黃水就是《水經注》卷九《洹水》隆慮縣西北的洹水源頭黃華水，在今林州市西部黃華村的隆慮山。滏水出自邯鄲市西部的鼓山（846 米）南部，因此第 21 山之後原來是第 19 山。

第 22 山發鳩山，出漳水，東流入海，第 23 山少山出清漳水，所以發鳩山在濁漳水之源，即今山西長子縣方山（1646 米），清漳水東源出自今山西昔陽縣西部的高峪嘴山（1676 米），西源出自今和順縣三尖山（1825 米），兩山相連，東源更遠，少山應在東源。《漢書・地理志上》：「沾，大黽谷，清漳水所出，東北至邑成入大河，過郡五，行千六百八十里。」王念孫等人認為黽為要之形訛，[註4] 少或是要的壞字。

第 24 山錫山，出牛首水，東流入滏水，《太平寰宇記》卷五六磁州邯鄲縣（今邯鄲）：「牛首水，在縣西北三十里。」指源出縣西北三十里。

第 25 山景山，出景水，東南流入海澤，《漢書・地理志上》魏郡武安縣：「欽口山，白渠水所出，東至列人入漳。又有浸水，東北至東昌，入虖池河，過郡五。行六百一里。」浸水，前人釋為洺水，但是譚文釋為景水，認為景、浸音近，其實景是見母陽部 kyang，浸是精母侵部 tsiəm，喉牙音和舌齒音很遠。欽是溪母，讀音近景。所以景山仍是欽口山，源自鼓山之東。

〔註 4〕周振鶴編著：《漢書地理志匯釋》，安徽教育出版社，2006 年，第 79 頁。

第 26 山題首山，無水。

第 27 山繡山，出洧水，東流入河，譚文釋為渦水，即今沙河縣的沙河，出自今內丘縣西北黃庵堖（1774 米）。則第 26 山在武安縣、沙河縣之間，前後銜接，或為邢臺縣西北黃峪嶺（1445 米）。

第 28 山松山，出陽水，東北流入河，譚文釋為湯水，《太平寰宇記》卷五九邢州沙河縣：「湯山，在縣西北七十一里，《山海經》湯山，湯山出焉。」他認為湯水就是達活水，同卷龍岡縣（今邢臺）：「蓼水，一名達活水，《水經》云蓼水出襄國西石井岡。」今邢臺北有達活泉，但距離太近，湯山在今邢臺西北。

第 29 山敦與山，南出溹水，東流入泰陸水，北出泜水，東流入彭水，又出槐水，東流入泜澤，譚文指出溹水即渚水（今內丘縣小馬河），《漢書·地理志上》常山郡中丘縣：「逢山長谷，渚水所出。」《太平寰宇記》卷五十九內丘縣指出逢山即蓬鵲山，在縣西六十三里。次卷趙州臨城縣說敦與山在縣南七十里，其實是西南。槐水即今贊皇縣槐河，其實槐水、泜水（泜河）出自一山，在贊皇縣、臨城縣邊界，不是臨城縣、內丘縣邊界的渚水發源地。

第 30 山柘山，出歷聚水，北流入洧水，上文說洧水即今沙河，但是此山在其北部，還相隔兩山，所以譚文認為洧水不是沙河，他又指《水經注》桃水（今陽泉市桃河）為洧水。其實此山是《山海經》錯簡，洧水仍是沙河，歷聚水就是其支流烈家水。《太平寰宇記》卷五十九邢州南和縣：「烈家水，在縣西南一十里，下至狼溝河。」狼溝河即今浪溝河，烈家水即今溜子河，發源於邢臺市西南部山丘。

第 31 山維龍山，出泚水，東流入皋澤，出敝鐵水，北流入大澤。譚文認為此山即飛龍山，今名封龍山，泚水即洨水，敝鐵水未釋。皋澤即洨水下游的泜澤，即寧晉泊，泚水不是洨水，而是源自封龍山南的北沙河，東入洨水。

第 32 山白馬山，出木馬水，東北入滹沱，即今忻州市牧馬河。《太平寰宇記》卷四十二忻州秀容縣：「大白馬山，在縣西南四十五里，連小白馬山。」白馬山在今陽曲縣西北。

第 33 山空桑山，出空桑水，東流入滹沱，譚文釋為原平縣的雲中河（陽武河）。我認為空桑山是金山，《太平寰宇記》卷四十二忻州秀容縣：「程侯山，一名金山，在縣西北三十五里。《水經注》云：忻水東歷程侯山北，山甚

層銳,其下舊有採金處,俗謂之金山。」上古音忻為曉母文部 xiən,金為見母侵部 kiəm,旁紐,通轉,音近,也近空桑。忻水是今忻州市北的雲中河,空桑山是忻州市西北的雲中山。

第 34 山泰戲山,出滹沱河,東流入漊水,出液女水,南流入沁水。滹沱河源自五臺山,譚文釋為井陘水,但是井陘水是滹沱河的一條小支流,所以此說有誤。滹沱河原來是獨立入海,所以《海內東經》所附《水經》說:「滹沱水出晉陽城南,而西至陽曲北,而東注渤海,入趙、章武北。」沁水未釋,今按即泒水之形訛。液女水是泒水源頭的支流,即今山西靈丘縣西南的沙河。

第 35 山石山,出濩濩水,東流入滹沱河,出鮮于水,南流入滹沱河。譚文釋濩濩水為泒水(大沙河),鮮于水為清水河。

第 36 山童戎山,出皋塗水,東流入漊液水,譚文未釋。漊液水疑即液女水,即沙河源頭的支流。

第 37 山高是山,出滋水,南流入滹沱河,出滱水,東流入河。滋水源出靈壽縣西北的南坨(2281 米),滱水(唐河)源出山西渾源縣東南部,相隔很遠,所以此處又失載一山。

第 38 山陸山,出姜水,譚文釋為將水,不過古書無此水名,《漢志》有將梁水,《水經注》卷十一《滱水》釋為清梁陂旁的清涼城,所以他釋將梁為將水之橋樑。

第 39 山沂山,出般水,譚文釋為《水經注》卷十一《滱水》的近山、博水,山在今唐縣西北。

第 40 山燕山,出燕水,東流入河,譚文釋為易水,《太平御覽》卷四十五引隋《圖經》:「燕山在易縣東南七十里。」東南為西南之誤,在今五回嶺。

第 41 山饒山,出歷虢水,東流入河,譚文釋為堯山,在今完縣(1993 年改名順平縣)之西,濡水為今曲逆河。歷虢水與歷聚水是同源地名,音近。

第 42 山乾山,無水。第 43 山倫山,出倫水,譚文釋為淶水,即今拒馬河,源出淶源縣。其實淶水源自今淶源縣西北和蔚縣、靈丘縣交界處,最高峰西甸子梁(2121 米)。第 40 山燕山其實就在第 41 山、第 43 山之間,第 42 山也應在中間,但是不可能無水,所以此處不僅有錯簡,而且內容有誤,可能是《山海經》作者不熟悉順平縣、易縣、淶源縣、唐縣、滿城縣交界處的山

區，所以簡單畫了一個山填補空白。

第 44 山碣石山，出繩水，譚文釋為聖水，即今大石河，碣石山即今大房山。但是此水入滱水，不是入黃河，譚文認為先入滱，再入河。其實滹沱河以北的諸水都不可能注入黃河，因為：

第一、黃河不可能越過滹沱河的沖積扇，也沒有地理學的證據。

第二、《西次三經》說黃河在無達入海，即無棣，《海內東經》所附《水經》說漳水在趙國的章武南面入海，滹沱河在章武北面入海，黃河的海口還在漳水的海口之南。

第三、本篇說滹沱河以北諸水入河，沒有其他文獻佐證。西漢時期的滱水、泒水還是獨立入海，先秦時期的黃河不可能到達天津入海。

譚其驤認為他的《〈山經〉河水下游及其支流考》一文發現前人沒有發現的黃河古河道，其實顧頡剛在他的讀書筆記早就注意到了《北次三經》的河流，並提出足以改正《河渠書》錯誤且補充其所未詳。〔註 5〕

第 45 山為雁門山，《水經注》所引稱此山出雁門水，雁門水為南洋河，正源是黑水河，源出內蒙古豐鎮市東部和興和縣交界山區。黑水河南北向，恰似山西與內蒙古之間的門戶。

第 46 山帝都山在泰澤之中，中間有山的大澤不是察汗淖或安固里淖爾，而是太僕寺旗南部或沽源縣北部的湖沼，這是另一個大澤。

第 47 山錞于毋逢山：「北望雞號之山，其風如飆。西望幽都之山，浴水出焉。」譚文認為浴水所出是對錞于毋逢山而言，浴水是治水的錯寫，即桑乾河。我認為，按照全書風格，浴水所出應該是指幽都山。比如《西次三經》槐江山，先論述其各種情況，然後說「南望崑崙，其光熊熊，其氣魄魄」、「西望大澤，后稷所潛」云云，都不是指槐江山。而且桑乾河所源的管涔山，已見《北次二經》。雞號山疑即居庸山，雞為見母支部 kye，居為見母魚部 kiə，雙聲，支之旁轉，號為匣母宵部 hô，庸為以母東部 jiong，宵東旁對轉。此山之北正是風口，所以說其風如飆。幽都山疑即鬱山，《水經注》卷十四說㶟余水（溫榆河）上游有鬱山，在今昌平區西。《山經》把鬱山當成溫榆河之源，其實也很合理。則錞于毋逢山在居庸山和鬱山之間，是今妙峰山。《山經》每篇最後之山每每說錞于何地，所以此山之名可能是指靠近毋逢之地。

〔註 5〕顧頡剛：《顧頡剛讀書筆記》卷八，第 228 頁。

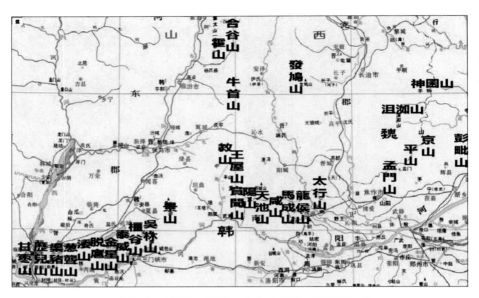

《北次三經》南部、《中山經》首篇地圖

	山　名	本書新考	所出之水	流　向
1	太行山	沁陽太行山		
2	龍侯山	濟源東北	決決水	東入河
3	馬成山			
4	咸　山	濟源北部	條菅水（溴水）	西南入長澤
5	天池山	濟源天壇山	澠水（逢石河）	潛於其下
6	陽　山	陽城縣西南	留水（陽水）	南入河
7	賁聞山	翼城縣東南		
8	王屋山	歷山	㶏水（續魯河）	西北入泰澤
9	教　山	絳縣馬兒岩	幹河（垣曲沇水）	西入河
10	景　山	聞喜唐王山		
11	孟門山	修武雲台山		
12	平　山	輝縣西北	平水（磨河）	潛於其下
13	京　山	輝縣西北	高水（石門河）	南入河
14	蟲尾山	安陽鳳凰崗	丹水（湯河）	南入河
			薄水（洪水河）	東南入黃澤
15	彭毗山	衛輝市蒼山	蚤林水	東南入河
			淝水（霅水）	南入床水（倉水）

16	小侯山	武安青岩寨	明漳水（洺河）	南入黃澤
17	泰頭山		共水	南入虖池
18	軒轅山			
19	謁戾山	太嶽山	沁水（沁河）	南入河
			丹林水（丹河）	南入河
			嬰侯水（中都水）	南入氾水
20	沮洳山	陵川棋子山	濝水（淇河）	南入河
21	神囷山	林州隆慮山	黃水（黃華水）	東入洹
			滏水	東入歐水
22	發鳩山	長子縣方山	濁漳水	東入河
23	少 山	昔陽高峪嘴	清漳水	濁漳水
24	錫 山	邯鄲西北	牛首水	東入滏水
25	景 山	鼓山	景水（滏陽河）	東南入海澤
26	題首山	邢臺黃峪嶺		
27	繡 山	內丘黃庵堖	洧水（沙河）	東入河
28	松 山	邢臺市北	陽水	東部入河
29	敦與山	內丘、臨城、贊皇交界	溹水（小馬河）	泰陸水
			泜水（泜河）	彭水、
			槐水（槐河）	泜澤
30	柘 山	邢臺市南	歷聚水（溜子河）	北入洧水
31	維龍山	封龍山	肥水（北沙河）	東入皋澤
			敞鐵水	北入大澤
32	白馬山	陽曲白馬山	木馬水（牧馬河）	東北入虖沱
33	空桑山	忻州雲中山	空桑水（雲中河）	東入虖沱
34	泰戲山	五臺山	虖沱水（滹沱河）	東入漊水
			液女水（沙河）	南入沁水（沤水）
35	石 山		濩濩水、鮮于水	東入虖沱、南入虖沱
36	童戎山		皋塗水	東入漊液水
37	高是山		滋水、滱水	南入虖沱、東入河
38	陸 山		水	東入河
39	沂 山		般水	東入河
40	燕 山	易縣五回嶺	燕水	東入河

41	饒　　山	順平	歷虢水	東入河
42	乾　　山			
43	倫　　山	西甸子梁	倫水（拒馬河）	東入河
44	碣石山	大房山	繩水（大石河）	東入河
45	雁門山	豐鎮、興和間		
46	帝都山	沽源縣北部		
47	錞于毋逢山			

第四節　《北山經》與戰國形勢

因為《北山經》緊接《西山經》，所以《北山經》首篇有大量《西山經》的錯簡，第1、2、10～14、17山在今甘肅祁連山，應在《西次三經》的開頭。剩下的山，應該歸入《北次二經》和《北次三經》。《北次二經》末尾五山在雁門之北，應該歸入《北次三經》的北部。所以《北山經》其實是兩列山，一列是汾水西側和黃河流域的分水嶺，一列是海河水系的源頭諸山。

所謂《北山經》，其實都是趙地，趙國從太原崛起，擁有山西省的北部和河北省中南部。趙武靈二十年略中山地，至寧葭。西略胡地，到榆中。二十六年，復攻中山，攘地北至燕、代，西至雲中、九原。《北山經》不記河套諸山，則在趙武靈王之前寫成。《史記・匈奴列傳》：「趙武靈王亦變俗胡服，習騎射，北破林胡、樓煩。築長城，自代并陰山下，至高闕為塞。而置雲中、雁門、代郡……其後趙將李牧時，匈奴不敢入趙邊。」考古發現趙長城經過集寧和興和北部，〔註6〕正好經過《山海經》的雁門山，趙置雁門郡。《史記・廉頗藺相如列傳》：「李牧者，趙之北邊良將也。常居代雁門，備匈奴……大破殺匈奴十萬餘騎，滅襜襤，破東胡，單于奔走。其後十餘歲，匈奴不敢近趙邊城。」《趙世家》惠文王二十六年，取東胡歐代地。李牧破東胡的時間更晚，但是《北山經》北部已經在雁門之北，到達東胡境內。

沁水之西是韓國土地，所以《北次三經》在沁東之西是從東到西，方向相反，正是從趙地開始測量。沁水之東雖然有魏國土地，但是靠近邯鄲，所以趙國很容易測量。

〔註6〕內蒙古自治區文化廳編制：《中國文物地圖集》內蒙古自治區分冊，上冊第236～237、252～253頁。

　　燕國在戰國末年，疆域擴展幾十倍，置上谷、漁陽、右北平、遼西、遼東郡。可是《北山經》沒有燕地，因為《山經》在此前已經成書，而燕國在此前還是一個弱小的國家，不被南方人關注。

第四章 《東山經》地理

　　《東山經》主要在今山東，南延到淮河以北。前三篇位置容易確定，第四篇位置爭議較大。需要結合自然地理、音韻學等一併研究，才能破解難題。

第一節　《東山經》首篇地理

　　首篇起自齊國都城臨淄西南（今淄博東），西逕長白山，又南至汶河。首山出食水，畢沅以為時水，則首山在臨淄西南。《水經注》卷二六《淄水》：「時水出齊城西南二十五里，平地出泉，即如水也，亦謂之源水，因水色黑，俗又目之為黑水。西北逕黃山東，又北歷愚山，山東有愚公冢。時水又屈而逕杜山北，有愚公谷。」時水源自臨淄西南二十五里泉水，西北流經黃山和愚山，譚其驤認為黃山是此篇首山。時水今名烏水，烏即黑。首山北臨乾昧，臨淄西部原有沼澤，乾昧疑即沼澤之名。時水真源在今淄博市臨淄區西南，不是黃山。

　　次山蠱山出湖水，畢釋為巨澱湖水。譚其驤認為《水經注·淄水》說巨澱即濁水所注，水出廣縣為山，為、蠱音近，蠱山即為山，在益都縣西四十里，巨澱是壽光縣北境已經湮廢的清水泊，濁水是北洋河。

　　我認為不確，此篇從臨淄向西南，不可能突然到臨淄東南的青州。湖水是通名，《水經注》：「又有濁水注之，水出時水東，去臨淄城十八里，所謂濁中也。俗以濁水為宿留水，西北入於時水。」濁水在臨淄城和時水之間，濁水疑即湖水，上古音湖為匣母魚部 ha，濁為匣母錫部 hoek，音近。從老地圖上可

以看出臨淄城西，原有沼澤。〔註1〕從文物地圖可以看出，這片湖沼缺乏上古遺址。〔註2〕所以是湖水訛為灃水。《山海經》以灃水為時水之源，所以首山緊鄰臨淄城之西，把時水之源當成湖水之源，所以次山在首山之南。或者是因為兩條河很近，《山海經》作者顛倒二者，湖水就是灃水，食水是時水。

郭世謙認為蠱山即萊山，今按蠱為來母微部 liuəi，萊為來母之部 lə，音近，可通。《史記‧齊太公世家》：「於是武王已平商而王天下，封師尚父於齊營丘……萊侯來伐，與之爭營丘。」《正義》引《括地志》：「營丘在青州臨淄北百步外城中。」齊都臨淄原為萊人之地，所以城外可能有萊山之名。但是營丘不應遠離臨淄，只有把《東山經》首山、次山顛倒，蠱山（萊山）才緊鄰臨淄，這也與上文所考水道位置吻合。灃水、時水，參見下圖。

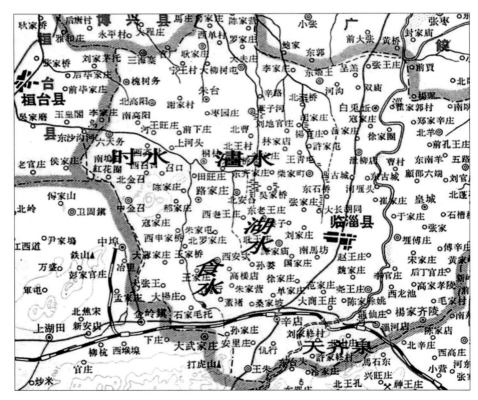

時水（食水）、灃水（湖水）、天齊泉示意圖

〔註1〕 山東省人民委員會地圖編製辦公室編繪：《中華人民共和國山東省地圖集》，1964 年，第 124 頁。
〔註2〕 山東省文物局編制：《中國文物地圖集‧山東分冊》，中國地圖出版社，2007 年。

第 3 山枸狀山出泜水，入湖水，畢釋為淄水，譚其驤說此山為舊博山縣（今淄博市博山區）東南的岳陽山。只為照母支部 tɕie，淄為莊母之部 tzhiə，可通。但此山太遠，不合距離比例，所以不是枸狀山。此山應在臨淄的西南，疑即《水經注》源出黃山的德會水，讀音相近。德會水北流入時水支津，也與此水注入湖水吻合。德會水是今豬龍河，張店區南的黃山是枸狀山。

第 4 山即勃齊山，應在今淄川區東北部，畢沅、譚其驤皆未釋。今按《水經注·淄水》：「淄水自山東北流逕牛山西，又東逕臨淄縣故城南，東得天齊水口，水出南郊山下，謂之天齊淵。五泉並出，南北三百步，廣十步，山即牛山也。左思《齊都賦》曰：牛嶺鎮其南者也。水在齊八祠中，齊之為名，起於此矣。《地理風俗記》曰：齊所以為齊者，即天齊淵名也。」楊守敬《水經注疏》按：「《史記·封禪書》，天齊淵水居臨淄南郊山下。《索隱》，顧氏案，解道彪《齊記》臨淄城南有天齊泉，五泉並出，言如天之腹齊。」天齊泉傳說是天的肚臍，所以勃齊就是腹臍之音轉，上古音勃是並母物部 byət，腹是幫母覺部 piuk，準旁紐。天齊泉在今臨淄區劉家終村，牛山及其南部的山區即勃齊山。此山在第 2 山、第 3 山之東，不在正南，可能因為比較有名，是齊國的聖山，所以特別著錄。

第 5 山番條山出減水，北入海，譚其驤疑即《水經注》隴水（今孝婦河）。今按孝婦河上游有支流般水，就是番水。《水經注》卷八《濟水》般水出自龍山，應是隴水之正源。所以番條山即隴山，在今淄川區龍泉鎮（原名龍口鎮）東南龍鳳山，減水即般水及其下游的隴水（孝婦河）。

第 6 山姑兒山，出姑兒水，北入海，譚其驤疑即楊渚溝水，山是長白山。我認為姑兒山是《水經注》的甲山，出萌水，北流入隴水。上古音甲為見母葉部 keap，姑為見母魚部 ka，音近。萌水今名不變，甲山在今淄川區西南。此水注入隴水，不是獨立入海。所以姑兒水不是萌水，應是北部今鄒平縣境內的杏花河，此河向北到高青縣，當時還是海岸沼澤，所以《山海經》說北流入海，姑兒山是今鄒平縣南的摩訶山。

第 7 山高氏山，出諸繩水，東流入澤。畢沅、郝懿行認為是《水經注·淄水》的澠水，譚其驤認為澠水在臨淄之東，而此山應在臨淄西南，方位不合。但是他沒有解釋，我認為諸繩水是章丘市中部最大的河流繡江河，其西部有雞山，即高氏山，上古音高為見母 k，氏為脂部 ei，雞為見母支部 kye，高氏合音近雞。今繡江河在章丘西北注入白雲湖，其東靠近漯河，漯河經章

丘東北，注入鄒平芽莊湖，上古繡江河也可能東注芽莊湖。此即《山海經》的澤，因為此處在上古時靠近海岸，水道較多，所以《山海經》所述和後世有所不同。比如《水經注》說時水有支津入濟，時水又合漯水入海。或許在芽莊湖、白雲湖之間，原來也是沼澤。《水經注》記有雞山，《太平寰宇記》卷十九齊州章丘縣：「雞山，在縣西十里。」今歷城區東部有雞山村，雞山在章丘市、濟南市交界處。

繡江河、漯河與白雲湖、芽莊湖示意圖〔註3〕

第8山嶽山，出灤水，見《春秋‧桓公十八年》，杜預注：「在濟南歷城縣（今濟南市）西，北入濟。」譚其驤認為灤水即今小清河源頭的灤水，岳山是泰山的支脈。我認為，歷城之名源自其東的歷水，歷城之西為灤水。灤為

〔註 3〕 山東省人民委員會地圖編製辦公室編繪：《中華人民共和國山東省地圖集》，第 70 頁。

來母鐸部 lak，歷為來母月部 lat，讀音極近，英語的湖 lake 是同源字。濼水源自上游的泉水，濼是湖泊，即泉水湧出的池塘，即今濟南西南的諸泉。濟有趵突泉群 34 個泉，有五龍潭泉群 21 個泉，趵突泉有北宋所建濼源堂。但此處無山，所以濼水可能是指濟南西南的兩條河西溝、東溝，源自千佛山西北，兩溝中間有地名八里窪。其下游已經改造為護城河，原應與泉水相通。則岳山是千佛山，其南接泰山，故蒙其名。濼水不是小清河源，小清河源更在其西南。

從首山到第 8 山，原文都是向南，其實是西偏南，給人南向的錯覺。從第 9 山犲山開始，才是真轉為南向。犲山，畢沅、譚其驤未釋。應是茌山，上古音才為從母之部 dzə，茌是床母之部 dzhiə，讀音極近。漢代在今長清東設茌縣，《水經注》卷八《濟水》：「濟水又東北，與中川水合。水東南出山茌縣之分水嶺。溪一源兩，分泉流半，解亦謂之分流，交半水，南出太山，入汶。半水出山茌縣，西北流，逕東太原郡南。郡治山茌。」中川水即今長清區沙河，《太平寰宇記》卷十九齊州長清縣：「廢茌城，在縣東四十里。」犲山即沙河源頭，正是在濟南和泰安之間。此縣在《漢書·地理志》作茌縣，顏師古引應劭曰：「茌山在東北。」其實應在西南中川水源頭處的靈巖山、鳳凰嶺一帶。

第 10 山獨山出末塗水，東南流入沔水，獨山在泰山之北，這裡所出河流東南流入汶河。

第 11 山泰山，即今泰山，所出環水見於《水經注》卷二十四《汶水》，即泰山南溪，南流到泰安市區，原文所說環水東流注於江，江應為汶，同樣，其南的竹山「錞于江」的江應為汶。畢沅、譚其驤雖然指出江水為汶水，但是不能解釋原因。其實這段汶水稱為江水，因為汶水之南有剛城，《水經》：「（汶水）又西南過剛縣北。」剛縣城即今寧陽縣堽城鎮，汶水流經剛縣，故名江水。江水是剛縣附近汶水的別名，或者是《山經》作者看圖時誤把標在汶水之南的剛字當成汶水之名。汶水在剛縣城分出洸水，南流入泗。竹山所鄰的江水不是洸水，因為洸水之東南就是《東次二經》開頭的空桑山。郭世謙認為竹山是徂徠山，其實徂徠山在汶水之南，而竹山在汶水之北，所以郭說不確。

竹山在汶水之北，出激水，東南流入娶檀水。《水經注·汶水》：

> 汶水又西，蛇水注之……蛇水又西南逕鑄城西，《左傳》所謂蛇
> 淵囿也。故京相璠曰：今濟北有蛇丘城，城下有水，魯囿也，俗謂

之濁須水，非矣。蛇水又西南逕夏暉城南……蛇水又西南入汶。汶
水又西，溝水注之，水出東北格馬山，西南流逕棘亭南……南去汶
水八十里。又西南逕遂城東。《地理志》曰：蛇丘，遂鄉，故遂國也。
《春秋・莊公十三年》，齊滅遂而戍之者也。京相璠曰：遂在蛇丘東
北十里，杜預亦以為然。然縣東北無城以擬之，今城在蛇丘西北，
蓋杜預傳疑之非也。又西逕下讓城西，而入汶水。

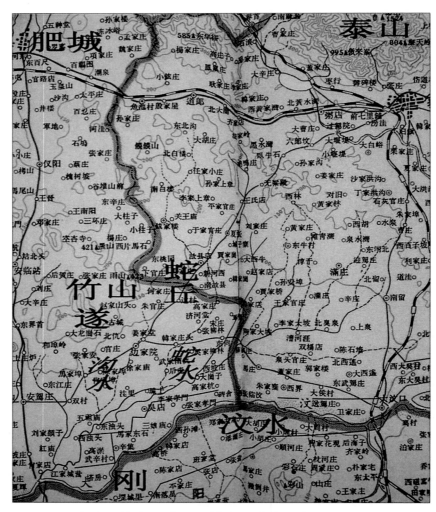

泰山、竹山、溝水、蛇水、汶水示意圖〔註4〕

〔註4〕 山東省人民委員會地圖編製辦公室編繪：《中華人民共和國山東省地圖集》，
第64～65頁。

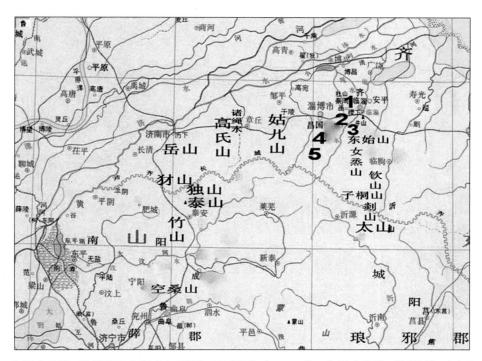

《東山經》首篇與《東次四經》示意圖（1～5 為《東山經》首篇前五山）

《東山經》首篇諸山位置表（▼指位置確定）

次序	山　名	譚考位置	本書新考位置	所出之水	流　向
1		黃山	臨淄西南	食水（時水）	東北入海
2	藟　山	益都九回山		湖水（澅水）	東入食水
3	枸狀山	博山岳陽山	淄博市黃山▼	只水（豬龍河）	北入湖水
4	勃齊山		臨淄牛山▼		
5	番條山	博山鳳凰山	淄川龍鳳山▼	減水（般水）	北入海
6	姑兒山	章丘長白山	鄒平摩訶山▼	姑兒水（杏花河）	北入海
7	高氏山		章丘雞山▼	諸繩水（繡江河）	東入澤
8	岳　山	濟南	濟南▼	濼水（濼水）	東入澤
9	犲　山	歷城、長清	長清靈巖山▼		
10	獨　山			末塗水	沔（汶河）
11	泰　山	泰山	泰山▼	環水（泰山南溪）	江（汶河）
12	竹　山	汶河南岸	肥城雨山▼	激水	娶檀水

上古音激為見母宵部 kyô，溝為見母侯部 ku，激水疑即溝水，竹山即格馬山，格馬合音為 ka，音也近激。竹山得名於鑄，讀音相近。上古音竹為端母覺部 tiuk，鑄為章母侯部 tɕio，準雙聲，旁對轉。竹山是今肥城市東南的雨山（423 米）和布山（447 米），向南延伸到汶河北岸。今肥城市邊院鎮西北有古城村，其東北十里有泰安市岱嶽區故縣村，所以古城村疑即遂國古城所在，漢代歸入蛇丘縣，縣城疑即故縣村。蛇丘在遂東北十里，京相璠、杜預誤為遂在蛇丘東北十里，遂應在蛇丘西南十里。

娿檀水即蛇水（濁須水），娿為清母侯部 tshio，檀為定母元部 dan，蛇為透母歌部 thai，濁為定母屋部 deok，須為心母侯部 sio，酈道元說激水南入汶水，從今地圖可以看出，其實是注入蛇水，而非直接注入汶水。

第二節　《東次二經》地理

《東次二經》緊接上篇，首山空桑山在曲阜之北，古書多有記載。其南十五山應在魯、鄒、滕、邳一線，但其中有很多前人未釋或誤釋。

第 3 山嶧皋山，出嶧皋水，東流入激女水。譚其驤疑為今山東鄒城的嶧山，也即《禹貢》徐州嶧陽孤桐的嶧山。但《漢書·地理志》東海郡下邳縣：「葛嶧山在西，古文以為嶧陽。」據《水經注·泗水》，葛嶧山在今睢寧縣古邳鎮之西，譚其驤以為這個葛嶧山是第四山葛山、第五山葛山之尾。今按鄒城的嶧山與邳州的葛嶧山距離很遠，而原文的嶧皋山、葛山靠近，所以葛山不可能是古下邳縣西的葛嶧山。第三山嶧皋山為鄒城嶧山可信，嶧皋水即今滕州市北部的北沙河，南流入激女水，應即《水經注·泗水》的㶏水，激字古音為見母 kyôk，女字古音為魚部 nia，㶏字古音為見母鐸部 kuak，激女合音與㶏相近。

嶧皋山南水行五百里，流沙三百里，到第 4 山葛山之尾，應在今鄒城東南到滕州市東北。葛山和嶧皋山之間的流沙，是今滕州市北部的沙河。上古音葛為見母月部 kat，讀音近㶏 kuak，葛山應在㶏水源頭。

第 6 山餘峨山，出雜余水，東入黃水。黃水即祊河，黃、祊音近。《左傳·隱公八年》有祊，雜余水是祊河上游，餘峨山是今棗莊東部和平邑縣的分水嶺。《左傳·哀公六年》吳軍伐魯路線是武城、東陽、五梧、蠶室、泗水，《春秋·哀公二十六年》哀公從越國回來，季康子、孟武伯在五梧迎接。武城（即

南武城）在今平邑縣祊河源頭處的武城村，[註5] 東陽應在祊河源頭處，因在山丘的東面而稱東陽。餘峨山是今屬棗莊的柴山，五梧就在《山海經》餘峨山附近，音近。餘峨山和五梧是沂河、祊河與泗水間的要道，所以《山海經》記載餘峨山。

餘峨之山有獸，如菟而鳥喙，鴟目蛇尾，見人則眠，名犰狳。近代學者中國翻譯美洲的哺乳綱貧齒目野獸為犰狳，有人不明此理，竟誤以為《山海經》記載到美洲。近代學者用《逸周書・王會》的狒狒來翻譯非洲和阿拉伯的野獸，岐山《逸周書》的狒狒是大猩猩。犰狳應是穿山甲，犰狳源自掘土，犰狳、掘土讀音接近，穿山甲時常掘土。

第9山盧其山出沙水，南入涔水，譚其驤未釋。我認為涔水是承水，上古音承為禪母蒸部 zjəng，涔為從母侵部 dzjəm，《漢書・地理志》東海郡承縣（治今嶧城），[註6] 承水是今嶧城大沙河，源自古代的沙水，盧其山在今棗莊山亭區東南的焦山（508米），涔水（嶧城大沙河）下游已被改造為運河。

第6山和第9山之間還有第7山杜父山、第8山耿山，在山亭區東部。第10山應該在今棗莊市中區。第10山姑射山，南水行三百里，流沙百里到第11山北姑射山，這段水路就是上文的涔水（大沙河）。第12山、13山在今棗莊臺兒莊區東南部到邳州市西北部。第13山碧山，疑即蘭陵，蘭陵在今蒼山縣西南蘭陵鎮。

第14山緱氏山出原水，東入沙澤，在今邳州境內《水經注・泗水》：「又有武原水注之，水出彭城武原縣西北，會注陂南，逕其城西……武原水又南合武水，謂之泇水，南逕剛亭城，又南至下邳入泗，謂之武原水口也。」武原水可能是原水，注入武水前是原水。武原縣在今邳州西北，古時的武原水從邳州西北發源，東南入泗水。學者徐州以南的泗水已變為廢黃河，武原水被改造為運河的一段。楊守敬《水經注圖》認為原水是今西泇河，源出蒼山縣西北。武原縣城應是今邳州市戴莊鎮山窩村的鵝鴨城，鵝鴨即武原之音訛。此地西北就是山丘，所以武原水應是武原城西北的小河，不是西泇河。鵝鴨城南有白灘湖，應即《水經注》所說的武原城西之陂，也即《山海經》的

〔註5〕山東省文物局編制：《中國文物地圖集・山東分冊》。
〔註6〕山東省棗莊市嶧城區史志編纂委員會編《嶧城區志》，齊魯書社，1995年，第497頁。

沙澤。戴莊鎮西北有一列小山，緱氏山是應是最高的禹王山（124 米）。這一列小山是邳州西北屏障，也是運河所經要道。因為地勢險要，所以《山海經》記載。

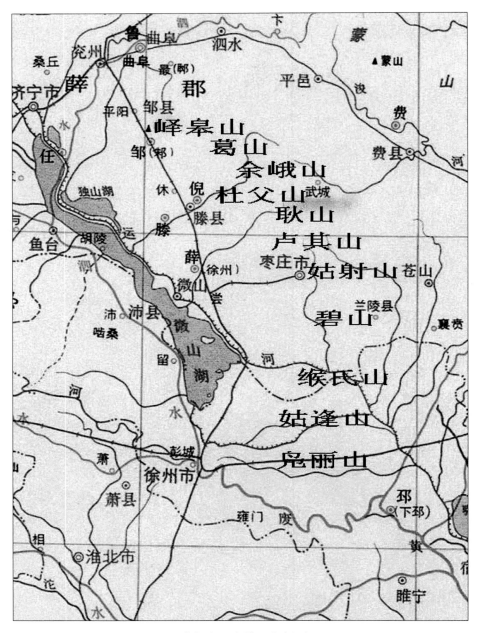

《東次二經》示意圖

《東次二經》諸山位置表（▼指位置確定）

次序	山 名	譚考位置	本書新考位置	所出之水	流　向
1	空桑山	曲阜北	曲阜北		
2	曹夕山		曲阜		
3	嶧皋山	鄒城嶧山	嶧山▼	嶧皋水（北沙河）	東入激女水（漷河）
4	葛山尾	沛縣葛墟嶺	鄒城、滕州		
5	葛山首	邳縣葛嶧山		澧水	東入餘澤
6	餘峨山	滕、棗莊、邳縣、徐州、淮北、濉溪一帶	柴山▼	雜余水	東入黃水（祈河）
7	杜父山		山亭區東		
8	耿 山				
9	盧其山		焦山▼		
10	姑射山		棗莊市		
11	北姑射				
12	南姑射				
13	碧 山		蒼山縣蘭陵鎮		
14	緱氏山		邳州禹王山	原水	東入沙澤
15	姑逢山		宿羊山		
16	鳧麗山		唐山		
17	磹　山	宿縣睢陽山	岠山▼		

末尾的第十七山磹山，南臨磹水，東望湖澤。譚其驤以為在灘水邊上，我認為磹字和灘字無論是字形還是讀音都不接近，應是沂河，此字的讀音從堙，上古音中，堙為影母文部 iən，沂為疑母文部 ngiən，讀音很近。古時沂水在下邳縣城（今睢寧縣古邳鎮）注入泗水，今古邳鎮北突出的山丘只有岠山，所以第 17 山山可能是岠山（204 米）。如果此字的讀音同甄，則磹水應為《水經注・泗水》丁溪水，上古音丁為端母耕部 tyeng，甄為照母文部 tjiən，讀音相近。《水經注・泗水》：「泗水又東南流，丁溪水注之。溪水上承泗水於呂縣，東南流，北帶廣隰山高，而注於泗川。泗水冬春淺澀，常排沙通道，是以行者多從此溪。」丁溪水山下連通泗水，北有高山，應為今銅山縣、睢寧縣、邳州市交界處一段泗水，北面是丘陵，丘陵北面的房亭河的

一段才是泗水故道，因為丁溪水地勢低窪，所以在泗水淤淺後，成為泗水主河道。

第 15 山姑逢山可能是邳州市西北的宿羊山，在運河之西，比較突出。第 16 山鳧麗山可能是今唐山（108 米），原意應為莞草山，《元和郡縣圖志》卷九宿州符離縣說：「《爾雅》曰：莞，符離也。以地多此草，故名。」符離縣在今宿州市符離鎮，鳧麗、符離音近。因為符離是通名，所以不必把鳧麗山指為睢水邊的符離。按照上下文的方向和距離比例，本篇不可能到睢水邊的符離。此山有野獸類似狐狸，有虎爪，名為蠪姪。我認為是狼，突厥語的狼是böri，所以鳧麗的狼的音譯。拉丁語的狼是 lupus，希臘語是 lukos，讀音接近蠪姪。因為狗尾巴草類似狼尾巴，所以成為莞草的別名。

從第 14 山到最後一山，即沿古代洳河，也即後世運河南行。本篇諸山大體上沿魯西南山麓前行，到邳州以南的本篇結束處，就是平原。

第三節　《東次三經》地理

本篇諸山都以水路相通，南北走向，譚其驤認為在膠東沿海，首山屍胡山疑為之罘山，末尾的無皋山疑為嶗山。我認為尸胡、之罘讀音不近，屍是審母脂部 sjiei，之是照母之部 tjiə，胡是匣母魚部 ha，罘是並母之部 biuə，屍胡山不是之罘山。《讀史方輿紀要》卷三六即墨縣：「不其山，縣東南四十里，一名馴虎山。」〔註7〕此山即今嶗山之北的三標山。《山東通志》卷二七引《大清一統志》：「不其山在（即墨）縣東南二十里，《漢書·武帝紀》：泰始四年夏四月幸不其。顏師古注：山名，因以為縣。《水經注》，逢萌浮海至遼東，還在不其山隱。李朏《三齊記》曰：鄭康成嘗教授此山下。」〔註8〕前人指出環渤海地區的不字開頭地名有東萊郡不夜縣（在今榮成）、樂浪郡不而縣（在今朝鮮）、不咸山（今長白山），〔註9〕《逸周書·王會》不令支、不屠何即令支（今河北遷安）、屠何（今遼寧錦州）。不就是皋，不其山即其山，就是本篇第二山岐山，上古音其為見母之部 kiə，岐為群母支部 gie，音近。屍胡山，南水行八百里到岐山，應在今即墨東北。

〔註7〕 〔清〕顧祖禹著，賀次君、施和金點校：《讀史方輿紀要》，北京：中華書局，2005 年。

〔註8〕 《宣統山東通志》，上海：商務印書館，1934 年影印。

〔註9〕 周振鶴、游汝傑：《方言與中國文化》，上海人民出版社，2006 年，第 146 頁。

岐山南行五百里，到第三山諸鉤山，廣員百里，諸鉤合音即州，唐代封寅《封氏聞見記》卷八《二朱山》：「密州之東，臨海有二山，南曰大朱，北曰小朱……此西北數十里，有春秋時淳于城。淳于，州國也。吳楚之人謂居為於，古謂州為朱，然則此山當名州山也。漢末，崔琰於高密從鄭玄學，遇黃巾之亂，泛海而南，作《述初賦》，其序云：登州山以望滄海，據其處所，正相合也。」〔註10〕《山東通志》卷二七引《道光膠州志》：「小珠山與大珠山，皆古朱山也。」則諸鉤山為今膠南市東部臨海的大小珠山。

諸鉤山南水行七百里，到第四山中父山，無草木，多沙。中父山，東水行千里，到第五山胡射山，無草木，多沙石。今膠南市龍灣西南岸和王家灘北岸為沙質海岸，〔註11〕今日照市海岸從北向南為填充型河口三角洲平直海岸、基岩岬角與海灣相間的凸突海岸、河口三角洲突灘海岸、沙壩（包括風成沙丘）—瀉湖海岸、基岩岬角海蝕海岸五種類型，〔註12〕中父山在膠南市西南海岸，胡射山在日照市東北沿海第二種海岸，所以《山海經》說多沙、多沙石。

胡射山南水行七百里，到第六山孟子山，出碧陽水，《水經注·沭水》：「潯水又西南流入沭。沭水又南與葛陂水會，水發三柱山，西南流經闞土城南，世謂之辟陽城……其水於邑積以為陂，謂之辟陽湖，西南流注於沭水也。」葛陂水為今莒縣，辟陽湖疑即碧陽水，闞、碧音近。《讀史方輿紀要》說三柱山在日照縣北二十里，按今圖，潯水為今潯河，潯河以南有魯溝河、雞龍河兩條稍大的河，葛陂水是雞龍河，雞龍河沿線龍山文化、漢代遺址很多，在大曲流河村、淵子崖村有漢代古城、遺址或漢墓，〔註13〕闞土城應在其中。葛、雞的古音較近，《莒南縣地名志》引《重修莒志·輿地志》說雞龍河源出雞山，孟子是指今莒南縣東部到日照市西部山地，主峰大山（560米）。辟陽湖（碧陽水）發源的三柱山不靠海，但孟子山廣員百里，離海不遠。

〔註10〕〔唐〕封寅著、趙貞信校注：《封氏聞見記》，北京：中華書局，2005年。
〔註11〕山東省膠南縣史志編纂委員會編：《膠南縣志》，新華出版社，1991年，第75頁。
〔註12〕山東省日照史志編纂委員會編：《日照市志》，齊魯書社，1994年，第85～86頁。
〔註13〕莒南縣地名委員會編：《山東省莒南縣地名志》，第279～280頁。《中國文物地圖集·山東分冊》，上冊第304頁、下冊第792～793頁。

又南水行五百里，流沙行五百里，至第七山跂踵山，廣員二百里，無草木，有水焉，廣員四十里，皆湧，其名曰深澤，其中多蠵龜。有魚焉，其狀如鯉。而六足鳥尾，名曰鮯鮯之魚。

跂踵山在古紀鄣城附近，跂為群母支部 gie，紀為見母之部 kiə，踵、鄣音近，重、章音形皆近，《史記・楚世家》誤楚國先祖老童為卷章可證。〔註14〕《水經・淮水注》：「游水又東北逕紀鄣故城南。《春秋・昭公十九年》，齊伐莒，莒子奔紀鄣……杜預曰：紀鄣，地二名。東海贛榆縣東北有故紀城，即此城也。游水東北入海。」古紀鄣城在今江蘇贛榆縣東北，則跂踵山應為今日照的嵐山，突出在海角。贛榆到日照市海邊流沙是海岸沙丘，即貝殼沙堤。中間的潟湖，即深澤，中有蠵龜，背部紅棕色，又名紅海龜、赤海龜，嘴似鷹嘴。分布在山東以南海域，喜歡在大陸架和海灣、河口和潟湖。深澤還有鮯鮯魚，六足鳥尾，就是鱟，外有青褐色的甲殼，前面圓形，尾部像利劍。有六對腳，尾劍被形容為鳥尾。或以為鱟最早出現在西晉左思的《吳都賦》：「乘鱟黿鼉。」其實《山海經》記載更早。鱟喜歡在沙中，正是此處的海岸沙堤。《山海經》稱為鮯，讀音是合，上古音是見母緝部 kəp，鱟是匣母屋部 γok，音近。我認為，可能源自鱟的交配習姓，雌雄二鱟一旦結合，便形影不離，故名合（鮯），訛傳為鱟，也可能因為鱟蓋合在沙地。有人誤認為鮯是鰈形目的魚，但鰈形目沒有六腳和長尾。

又南水行九百里，為踇隅之山，在今贛榆縣中部。踇隅應為海隅之訛，即海邊。此山有獸如牛，應為海邊的野牛。

末尾第九山無皋山，南望幼海，東望榑木，無草木，多風。郭璞注：「幼海，即少海也。」《韓非子・外儲說左上》記載齊景公遊少海，《外儲說右上》記載景公與晏子游於少海，登柏寢之臺而還望其國。少海在齊都臨淄北面不遠。幼海即小海，小海即被島嶼隔開的內海，山東蓬萊水城裏的內海叫小海，海南萬寧有海灣叫小海，譚其驤說膠州灣就是《山海經》的幼海。其實少海（幼海、小海）是地名通名，《東山經》幼海在今連雲港，唐代海州（今連雲港市）和東海縣所在郁洲島（今雲台山）間的海峽稱小海，〔註15〕清代

吳恒宣《小海》詩:「海水無波二十年,平沙一望接山巔。」〔註16〕描寫清代中期雲台山連陸,今天雲台山西南角還有小海村。榑木即扶桑,《山海經·大荒東經》:「上有扶木,柱三百里,其葉如芥,有谷曰溫源谷,湯谷上有扶木,一日方至,一日方出,皆載於烏。」上古音扶是並母魚部 pia,榑並母魚部 bia,博為幫母鐸部 pak,榑(扶)即博木,即大樹,所以稱為博木,通假為榑(扶)木。

　　無皋山或是今連雲港市西南的錦屏山,古名朐山。朐山在海峽之西,非常突出。岐山多虎,第三山、第六山廣員百里,第七山廣員二百里,山與山之間的距離也較《東山經》其他三篇遠,因為上古齊東南人口稀少。唐代的海州到登州:「山野行,草木高深,希逢人。」〔註17〕

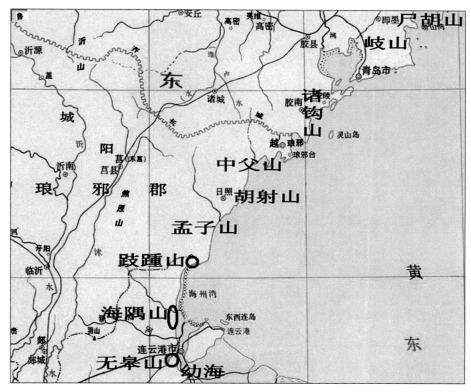

《東次三經》示意圖

〔註16〕〔清〕崔應階重編、吳恒宣校訂:《雲台山志》卷五,《中國方志叢書》華中地方第 468 號,成文出版社,1983 年。

〔註17〕同上《入唐求法巡禮記》,第 192、193 頁。

《東次三經》諸山位置表（▼指位置確定）

次序	山名	譚考位置	本書新考位置	水
1	屍胡山	芝罘島	即墨東北	
2	岐山		青島市三標山▼	
3	諸鉤山		膠南大小珠山▼	
4	中父山		膠南南部	
5	胡射山	成山頭	日照北部	
6	孟子山		莒南、日照	碧陽（豬龍河）
7			日照市嵐山▼	深澤
8	跂隅山		贛榆縣中部	
9	無皋山		朐山（錦屏山）▼	南望幼海（朐山海峽）

第四節　《東次四經》地理

本篇首山，臨北海，出食水，也就是《東山經》首篇起點。因為靠近齊都臨淄，所以向西南和東南的兩條道路都從此處開始。

第 2 山東始山，出泚水，東北入海，譚其驤認為是堯水（今堯河）、丹水（今丹河）、淄水（今大於河）中的一條，此山在今臨朐縣東或昌樂縣南。我認為不對，因為此後諸山在臨朐之西，第 2 山不可能在臨朐縣之東。此山應在臨淄東南，泚水可能是《水經注》的女水，即今臨淄區東的裙帶河。東始山可能是指東部之始，此山在臨淄城東南的明祖山。

第 4 山女烝山出石膏水，即《水經注·巨洋水》石膏山下的石構水。〔註18〕今為石河，女烝山在今青州市西南，主峰三縣頂。

第 5 山欽山出師水，北流入皋澤，《水經注》說巨洋水（今彌河）：「自朱虛北入臨朐縣，薰冶泉水注之……小東有一湖，佳饒鮮筍，匪直芳齊芍藥，實亦潔並飛鱗。其水東北流入巨洋，謂之薰冶泉。又逕臨朐縣故城東。」薰冶泉在今臨朐縣冶原鎮，這個小湖疑即皋澤，欽山在今臨朐縣西南。

第 6 山子桐山出子桐水，西流入余如澤，應在今臨朐縣西南。末尾的太山出鉤水，北入勞水，譚其驤已指出鉤水為朐水（今彌河），勞水為堯水（今堯河），則太山為東泰山（今沂山），本篇諸山在臨淄、青州、臨朐一線。

〔註18〕郭郛：《山海經注證》，第 379 頁。

《東次四經》諸山位置表（▼指位置確定）

次序	山　名	譚考位置	本書新考	所出之水	流　向
1	北號山			食水	北入海
2	旄　山			蒼體水	西入展水
3	東始山	臨朐、昌樂	明祖山▼		東北入海
4	女烝山		三縣頂▼	石膏水（石河）	西入鬲水
5	欽　山		臨朐縣西南部	師水	西入皋澤
6	子桐山			子桐水	西入余如澤
7	剡　山				
8	太　山	沂山	沂山▼	鉤水（彌河）	勞水（堯河）

第五節　《東山經》與戰國形勢

　　《東山經》首篇、次篇從齊都臨淄城出發，向西南經過泰沂山地北麓，而非其分水嶺，說明這是一條實用路線，而不是對山脈的純粹自然地理觀測。首篇從濟南轉向南方，過泰山，經魯國都城曲阜。又沿泗水之東的山麓向南，到達邾地，這是由戰國時期形勢決定。

　　齊威王時打敗魏國，宣王滅燕，愍王滅宋，疆域達到極盛。前 284 年齊國被五國聯軍打敗，燕軍佔領臨淄，齊國僅剩莒、即墨兩城。齊襄王復國，宋地屬魏，為大宋、方與二郡。淮北和沂、沭河中游，被楚國佔領，〔註19〕《史記·魯仲連鄒陽列傳》魯仲連說守聊城的燕將曰：「且楚攻齊之南陽，魏攻平陸，而齊無南面之心，以為亡南陽之害小，不如得濟北之利大，故定計審處之。今秦人下兵，魏不敢東面。衡秦之勢成，楚國之形危。齊棄南陽，斷右壤，定濟北，計猶且為之也。且夫齊之必決於聊城，公勿再計。今楚、魏交退於齊，而燕救不至。」

　　南陽指泰沂山地以南，右壤即泗水流域，這時齊國不能控制泰山之南，最關心黃河、濟水防務。所以《東山經》從臨淄延伸到泗上正是齊國極盛時的疆域，成書一定在前 284 年以前。《荀子·強國》荀卿子說齊相說：「今巨楚縣吾前，大燕吾後，勁魏鉤吾右，西壤之不絕若繩，楚人則乃有襄賁、開陽以臨吾左，是一國作謀，則三國必起而乘我。」這是齊國被破之前的，西部國

<hr>

〔註19〕楊寬：《戰國史》，第 396～397 頁。

土狹長像繩子，南端到達邳地（即古下邳縣），狹長的西部國土正是《東山經》首篇、《東次二經》的範圍。

　　齊國被破前，楚國已占開陽，即西漢開陽縣（今臨沂北），說明那時齊國的東南邊疆在今莒縣、費縣。楚國疆域雖大，但是魯東南已是楚國的強弩之末，不會越過泰沂山地。正是因為齊國在沂、沭上游的防禦輕鬆，所以《東山經》不記這一地區，《東次四經》到沂山就結束。沂山是齊國南疆的重要防線，南燕君主慕容超沒有聽從據守大峴山（即沂山）的計策，最終亡國。〔註20〕

　　《東次三經》記載山東半島的東南沿海，也是由軍事形勢決定，《史記·吳太伯世家》夫差十二年，吳國從海上攻齊，即《左傳·哀公十年》：「徐承率舟師自海入齊，齊人敗之，吳師乃還。」越國興起，齊國東南海疆再次受到威脅。《管子·輕重甲》記載越國的海軍伐齊，齊國先在大舟之都（渚）訓練，招募了紋身的水軍，所以打敗了越人，這是戰國時的事。齊長城東起珠山，即《東次三經》第三山，向南不遠就是琅玡，所以《東次三經》地域是齊國的海防範圍。《東次三經》南端到達朐縣（今連雲港海州區），正是齊文化的最南端，《史記·貨殖列傳》：「朐、繒以北，俗則齊。」

　　總結上文，《東山經》全在齊地，首篇、次篇南北連貫，北起臨淄，南到邳地，為齊國西壤。第三篇從臨淄到沂山，沂山是齊國南面防線。第四篇是東南海疆，為防禦吳越前線。從《東山經》總圖可以看出，《東山經》四篇顯示的四條防線本來是可以相連，但《東次三經》和《東次四經》之間有缺口，是從臨朐縣向東的齊長城所在諸山。或許是原書的脫漏，或許脫漏的部分也屬《東次四經》，因為《東次四經》內容較少。

　　對齊國來說，《東山經》脫漏部分的防守也很重要。《楚世家》說楚頃襄王十八年（前281年），有人對楚王說：「若王之於弋誠好而不厭，則出寶弓，碆新繳，射噣鳥於東海，還蓋長城以為防，朝射東莒，夕發浿丘，夜加即墨，顧據午道，則長城之東收而太山之北舉矣。」他建議楚王出兵齊國的路線是從莒地出發，越過長城，先占齊國東境的即墨，再占泰山以北。正是從《東山經》的脫漏部分進兵，《楚世家》說楚簡王元年（前431年），楚國北伐滅莒。楚國在春秋時曾經滅莒，而齊國雖然更近，但有山丘阻隔。《東山經》的分析，再次證明《山經》的地域選擇源自戰國時的各國疆域。

〔註20〕《宋書·武帝紀》，北京：中華書局，1974年。《十六國春秋·南燕錄五》，齊魯書社，2000年。

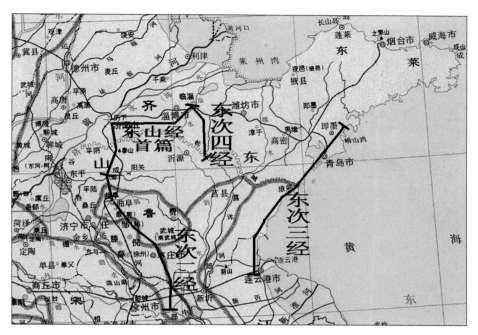

《東山經》四篇位置示意圖

第五章 《中山經》地理

　　《中山經》地域範圍在今河南省中西部、陝西省南部、山西省西南部、湖北省中西部、湖南省北部、江西省北部，山多而密，考證繁瑣，也是《山經》中最清晰的一部分，所以難度不大。

第一節　《中山經》首篇地理

　　侯仁之地圖上的《中山經》首篇全部在今芮城、平陸、夏縣、垣曲境內，其實本篇前 10 山自西向東，為中條山西段，後 5 山改為自南向北，為霍山山脈。首山甘棗山、第 3 山渠豬山在今芮城縣北的中條山，甘棗山出共水，西流入河，渠豬山出渠豬水，南流入河，《水經注》卷四《河水》認為共水是蓼水、渠豬水是永樂溪水，永樂溪水流經今芮城縣城。我認為酈道元的考證有誤，因為第 2 山歷兒山應該是歷山，甘棗山還在其西，應在今永濟的西南，所以共水西流入河。第 9 山到第 10 山吳林山有 120 里，第 9 山應在今芮城縣東北部。

　　第 3 山渠豬山、第 4 山蔥聾山，應在今芮城縣西北。第 5 山湋山，我認為就是魏山，委、魏同音，湋山在魏國都城（今芮城縣城古魏鎮）之北。第 5 山恰好在前 9 山的中點，古魏鎮也在芮城縣東西方向的中點。

　　前半段的終點是第 10 山吳林山，應即《水經注》卷四《河水》的吳山，吳山即虞山，因為虞國（在今張店鎮）得名，在今平陸縣北部的五龍山。

　　第 11 山牛首山在今臨汾東，《水經注·汾水》：

　　　　西南過高梁邑西，黑水出黑山，西逕楊城南，又西與巢山水
　　會。《山海經》曰：牛首之山，勞水出焉，西流注於潏水，疑是水

─147─

也。灊水，即巢山之水也。水源東南巢山東谷，北逕浮山東，又西北流與勞水合，亂流西北逕高梁城北，西流入於汾水。

勞水今名澇河，灊水今名巨河，牛首山在今浮山縣東北部。牛首山之北為霍山（今霍山），〔註 1〕即今洪洞、霍州、古縣交界處的霍山（2346 米）。第 13 山合谷山就是霍山，合谷切音近霍，應是今霍州的靈空山（2183 米）。譚其驤稱第 14 山陰山在今介休，第 15 山鼓鐙山在垣曲縣。畢、郝聽信《水經注》垣曲縣的鼓鍾峽當作鼓鐙山，但我認為酈道元認為鼓鍾峽是《中次七經》的鼓鍾山也不對，因為後者在洛水中游，不在黃河北岸。第 14 山陰山是霍山的北段，在今霍州東北的五龍壑（2504 米），少水是西流入汾河的澆水（今北澗河）。我認為第 15 山鼓鐙山即介休縣的介山，因為上古音的介是見母月部 kat，接近鼓鐙 ka-təng，鐙應是隥。

本篇由兩段走向不同且相隔很遠的山系組成，前段是中條山的西段，這兩段之間的中條山東段屬《北次三經》。

	山 名	今 地	出 水	流 向
1	甘棗山	永濟西南	共水	河（黃河）
2	歷兒山	永濟西南		
3	渠豬山	芮城縣西北	渠豬水	河（黃河）
4	蔥聾山	芮城縣西北		
5	湊 山	芮城縣古魏鎮北部		
6	脫扈山	芮城縣北部		
7	金星山	芮城縣東北		
8	泰威山	芮城縣東北		
9	橿谷山	芮城縣東北		
10	吳林山	芮城縣東北		
11	牛首山	浮山縣東北	勞水（澇河）	灊水（巨河）
12	霍 山	洪洞霍山		
13	合谷山	霍州靈空山		
14	陰 山	霍州五龍壑	少水（北澗河）	
15	鼓鐙山	介休介山		

〔註 1〕徐旭生《讀山海經劄記》認為霍山為今霍太山則太遠，霍山仍應在中條山，見《中國古史的傳說時代》附錄，文物出版社，1985 年。其實從中條山西段到太嶽山（霍山）正為《禹貢》導九山之一條，詳見下文。

第二節　《中次二經》地理

侯仁之地圖上的《中次二經》簡要標在伊河南岸，譚其驤不考。本篇自東向西，共九山。

《水經注》卷十五《伊水》：

（經）伊水出南陽魯陽縣西蔓渠山。

（注）《山海經》曰：蔓渠之山，伊水出焉。《淮南子》曰：伊水出上魏山。《地理志》曰：出熊耳山。即麓大同，陵巒互別耳。伊水自熊耳東北，逕鸞川亭北。薑水出薑山，北流，際其城東，而北入伊水，世人謂伊水為鸞水，薑水為交水，故名斯川為鸞川也。又東為淵潭，潭渾若沸，亦不測其深淺也。伊水又東北，逕東亭城南。又屈逕其亭東，東北流者也。

（經）東北過郭落山。

（注）陽水出陽山陽溪，世人謂之太陽谷，水亦取名焉。東流入伊水。伊水又東北，鮮水入焉，水出鮮山，北流注於伊。伊水又與蠻水合，不出盧氏縣之蠻谷，東流，入於伊。

第 9 山蔓渠山是伊水源頭，在今欒川縣西南部。第 7 山薑山出薑水，在鸞川亭東南，《欒川縣志》認為是今城關南面的大南溝河。淵潭在今潭頭鎮，則第 5 山在潭頭鎮之東，趙永復釋為今欒川縣東的明白河。〔註 2〕

第 6 山昆吾山多赤銅，應在今廟子鎮北部，金牛嶺、下河、許家莊、山灣等村都有銅礦，《墨子・耕柱》說：「昔者夏后開使蜚廉折金於山川，而陶鑄之於昆吾，是使翁難、雉乙卜於白若之龜……夏后氏失之，殷人受之。殷人失之，周人受之。」

第 4 山鮮山在嵩縣舊縣鎮東南，流經桃園溝、雙溝，到白家凹注入伊河。第 3 山豪山是南天門，第 2 山發視山在蒲池村東北，上古音的發視和蒲池接近，即魚水是鯽魚水，其東北有一條小河，流經水洞溝、燕池溝，到山峽村注入伊河。首山輝諸山是其東北的摩天嶺，又名黃花墁（1583 米）。

〔註 2〕趙永復：《水經注通檢今釋》，復旦大學出版社，1985 年。

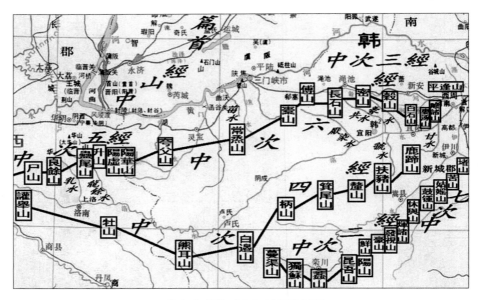

《中山經》核心地區地圖

	山　名	今　　地	出　　水	流　　向
1	煇諸山	嵩縣摩天嶺		
2	發視山	嵩縣	即魚水	伊水（伊河）
3	豪　山	嵩縣南天門		
4	鮮　山	嵩縣	鮮水	伊水（伊河）
5	陽　山	欒川縣牧虎山	陽水（明白河）	伊水（伊河）
6	昆吾山	欒川縣廟子鎮東部		
7	蔇　山	欒川縣城南	蔇水（大南溝）	伊水（伊河）
8	獨蘇山	欒川縣陶灣鎮南部		
9	蔓渠山	欒川縣	伊水（伊河）	洛水（洛河）

第三節　《中次三經》地理

　　譚其驤未考《中次三經》，本篇在黃河南岸，今澠池、新安、孟津境內。
次山青要山，第 3 山騩山在今新安縣西北，《水經注》卷四《河水》：

　　　　河水又與畛水合，水出新安縣青要山，今謂之疆山，其水北流
　　　　入於河。《山海經》曰：「青要之山，畛水出焉。」即是水也。河水

又東，正回之水入焉，水出騩山，疆山東阜也。東流，俗謂之疆川
水，與石瓜疇川合，水出西北石澗中，東南流注於疆川水，疆川水
又東逕疆冶鐵官東，東北流注於河。

今新安縣有西沃鄉，西沃即石瓜音轉，其南有北冶鄉，即《水經注》所
謂冶官所在，則正回水即今畛水，正回與畛讀音相近。而古代的畛水原應是
澠池縣北的澗口河，正好北望河曲。今新安縣的青要山是古代的騩山，因為
唯有如此，騩山才能在青要山之東十里。如果畛水在今青要山東北，則青要
山騩山之北而不是在西。首山敖岸山在今澠池縣的西北部，北望河林。從青
要山直向西，到黃河東岸有大凹村，其東有高山，向西有渡口到山西平陸縣。
附近有很多地名帶凹，敖岸或許是凹岸。

第4山宜蘇山出潚潚水北流入海，《水經注》卷四既稱其在垣縣（今山西
垣曲），又說它是分為二水，一水北流、一水東北流注入黃河，應在今孟津縣
西北的橫水鎮。

第5山和山在今孟津縣北部，今有龍盤嶺，其南北山丘南北蜿蜒，東西
有很多小河北流入黃河，也即九水。《水經注》卷五誤以為首陽山，又說首陽
山：「無水以應之，當是今古世懸，川域改狀矣。」首陽山在偃師市首陽山鎮
西北，此山五曲，距離太遠。

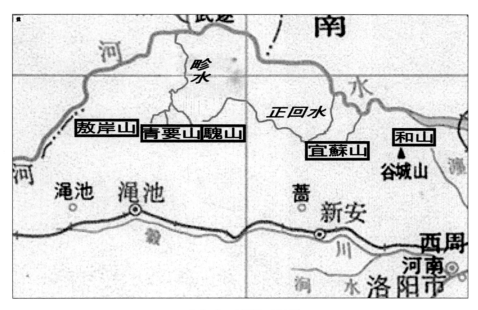

《中次三經》地圖

	山　名	今　地	出　水	流　向
1	敖岸山	澠池縣西北		
2	青要山	新安縣關爺山▼	畛水（澗口河）	河（黃河）
3	騩　山	新安縣青要山▼	正回水（畛河）	河（黃河）
4	宜蘇山	孟津縣鷹巢嶺▼	瀟瀟水（橫水）	河（黃河）
5	和　山	孟津縣龍盤嶺▼	九水	河（黃河）

第四節　《中次四經》地理

　　譚其驤不考《中次四經》，侯仁之地圖簡要標出。本篇在洛河南岸，首山鹿蹄山、次山扶豬山在今宜陽縣樊村鄉，《水經注》卷十五《洛水》：

　　　　洛水又與虢水會，水出扶豬之山，北流注於洛水。其南，則鹿
　　蹄之山也，世謂之非山。其山，陰則峻高百仞，陽則原阜隆平，甘
　　水發於東麓，北流注於洛水也。

　　鹿蹄山出甘水，即今甘河，扶豬山出虢水，在樊村鄉北的摩天寨。縱山之名，源自山體狹長。第 2 山扶豬山在其西 50 里，虢水是陳宅河，扶豬山是董王莊鄉的黑山。第 3 山釐山在扶豬山之西 120 里，在今嵩縣和洛寧縣之間，《水經注》卷十五《伊水》：「《山海經》曰：瀟瀟之水，出於釐山，南流注於伊水。今水出陸渾縣之西南王母澗，澗北山上有王母祠，故世因以名溪。東流注於伊水，即瀟瀟之水也。」《太平寰宇記》卷五西京伊陽縣：「王母澗，在縣西南六里。」〔註3〕伊陽縣城是今嵩縣舊縣鎮，其上文的鳴皋山在縣東 30 里、下文的湯泉在縣南 130 里都是對陸渾縣而言，其南的湯泉在今欒川縣的湯營。但是王母澗是對伊陽縣城而言，在今舊縣鎮西南。《水經注》王母澗口在三塗山之西，又引闞駰《十三州志》稱三塗山在陸渾縣東南（應是西南）80 里，《元和郡縣圖志》卷五河南府陸渾縣：「三塗山在縣西南五十里。」今有娘娘廟村，可能源自王母祠。附近有蚰蜒溝，瀟瀟可能源自蚰蜒。

　　第 4 山箕尾山在釐山之西 200 里，應即金門山，讀音接近，在今洛寧縣南部和欒川縣邊界。《水經注‧洛水》：「洛水右會金門溪水，水南出金門山，

―――――――――――
〔註 3〕〔宋〕樂史撰、王文楚等點校：《太平寰宇記》，第 66 頁。

北逕金門塢西，北流入於洛。」在今洛寧縣南部的金洞溝村。

第 5 山柄山在箕尾山之西 250 里，應在今盧氏縣東部。所出的滔雕水，可能是今范里河。

第 6 山白邊山在柄山之西 200 里，應在今盧氏縣中部。

第 7 山熊耳山在白邊山之西 200 里，在今盧氏縣西南，所出浮豪水可能是今官坡河。

第 8 山牡山，應是武山，《水經注》卷十五《洛水》：「洛水又東，歷清池山傍，東合武里水，水南出武里山，東北流注於洛。」武里山應是今洛南縣和丹鳳縣之間的馬龍山，西有老虎溝，武山源自虎山。

第 9 山讙舉山在牡山之西 350 里，《水經·洛水》：「洛水出京兆上洛縣讙舉山。」在今洛南縣的洛源鎮。

	山　名	今　地	出　水	流　向
1	鹿蹄山	宜陽縣	甘水（甘河）	洛水（洛河）
2	扶豬山	宜陽縣	虢水（陳宅河）	洛水（洛河）
3	釐　山	嵩縣、洛寧縣之間	滽滽水（王母澗）	伊水（伊河）
4	箕尾山	洛寧縣金洞溝 ▼		
5	柄　山	盧氏縣東部	滔雕水（范里河）	洛水（洛河）
6	白邊山	盧氏縣中部		
7	熊耳山	盧氏縣西部	浮濠水（官坡河）	洛水（洛河）
8	牡　山	洛南縣馬龍山 ▼		
9	讙舉山	洛南縣洛源鎮	洛水（洛河）	玄扈水

第五節　《中次五經》地理

侯仁之地圖上的《中次五經》西段僅到洛南縣，其實本篇西端到甘肅境內，譚其驤都不考本篇。本篇自西向東，共 15 山，在秦嶺華山之南，第 11 山尸山出尸水，第 12 山良餘山出乳水，《水經注·洛水》：

> 《地理志》曰：洛出冢嶺山。《山海經》曰：出上洛西山，又曰：
> 讙舉之山，洛水出焉。東與丹水合，水出西北竹山東，南流注於洛。
> 洛水又東，尸水注之，水北發尸山，南流入洛。洛水又東得乳水，

水北出良餘山，南流注於洛。洛水又東會於龍餘之水，水出蠱尾之山，東流入洛。

丹水難以確定，應在洛南縣洛源鎮，尸水是石頭河或文峪河，乳水為石門河，龍餘水為石坡河。

第12山良餘山出餘水，北流注入黃河，出乳水，東南流入洛河。第13山蠱尾山出龍餘水，東南注入洛水。第14山升山出黃酸水，北流注入黃河，《水經注》卷十九《渭水》：

> （敷水）而北流注於渭。渭水又東，糧餘水注之，水南出糧餘山之陰，北流入於渭，俗謂之宣水也。渭水又東合黃酸之水，世名之為千渠水，水南出升山，北流注於渭。

黃酸水之東的長澗水即今長澗河，所以良餘水、黃酸水為今華陰縣甕峪、仙峪，北流注入渭河，余水應是良餘水的脫漏，則升山在洛南縣駕鹿鄉北部。《太平寰宇記》卷一四一商州洛南縣：「大谷龍龕山，在縣東北八十里。其山北接秦嶺，多出麩金。魚難水，在縣北八十里。魚難山有撲水崖，魚不能過，故曰魚難，又南流經石門入洛。」石門在今石門鎮，今石門鎮之西不遠的華縣金堆鎮有魚溝口。魚難應是難魚，即良餘。谷龍是崑崙、窟窿的同源字，本義是山。龕山應是蠱尾山，上古音的龕 khəm 和蠱尾 ka-məi 音近。今洛南縣北部的駕鹿鄉、巡檢鎮、陳耳鎮等地確實有金礦，駕鹿鄉有銅礦。

陽虛山應該就是下一篇最末的陽華山（可能因為在華山之陽得名），玄扈之水可能是今洛南縣的西峪河。

第10山歷山在尸山之西10里，第9山槐山在歷山之西10里，都在今商洛北部，第8山朝歌山在槐山之西500里，則在今柞水縣北部，柞的上古音tzak接近朝歌。

第7山成侯山在朝歌山之西500里，則在今佛坪縣的椒溪河上游，成侯是城侯，《水經注》記載有巴溪成，周至縣南部靠近佛坪縣界有古城嶺。

第6山超山在成侯山之西500里，其南有井，冬有水，夏竭，則在今勉縣北部，恰好是岩溶地貌，應該是夏季有水，冬季乾枯。超山在沮水源頭，上古音的超 thô、沮 tsa 接近，可能源自穿、洞，讀音都接近，穿、洞是同源字。因為有溶洞，故名穿山。

第5山條谷山在其南10里，在今勉縣西北，條的上古音是定母幽部 du，接近超，條谷即超谷。第4山蔥聾山在條谷山西南500里，在今略陽縣西北。

第 3 山縣斸山，在蔥聾山之西 300 里，我認為縣斸即縣濁，即濁城，《水經注》卷二十《漾水》：「漢水又東南於盤頭郡南，與濁水合，水出濁城北。」在今成縣西部的小川鎮，地處要道，天井山有東漢靈帝建寧四年（171 年）武都郡太守李翕開鑿山路的《西狹頌》摩崖石刻。

第 2 山首山在縣斸山之西 300 里，應在今西和縣西南，《水經注》卷二十《漾水》：「洛榖水又南逕虎頭戍東，又南逕仇池郡西，瞿堆東，西南入漢水。」虎頭可能源自虎首，即首山。其西是仇池山，非常重要。

首山苟床山在首山之西 300 里，很可能是宕床之形誤，宕床即宕昌，讀音接近。從略陽縣西北的蔥聾山到縣斸山，沿濁水（青泥河）西行。從縣斸山到首山，先向西南到西漢水，再沿河谷西行。從首山到苟床山，先沿禮縣的清水河谷西行，再到宕昌縣的河谷。

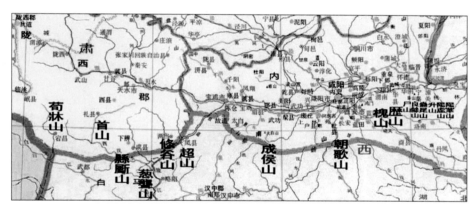

《中次五經》地圖

	山　名	今　　地	所出之水	流　向
1	苟床山	甘肅宕昌縣		
2	首　山	甘肅西和縣洛峪鎮		
3	縣斸山	甘肅成縣小川鎮▼		
4	蔥聾山	陝西略陽縣西北		
5	條谷山	略陽縣東北		
6	超　山	略陽縣東北▼		
7	成侯山	佛坪、周至之間秦嶺▼		
8	朝歌山	柞水縣北部秦嶺▼		

9	槐　　山	商洛北部		
10	歷　　山	商洛北部		
11	尸　　山	華縣金堆鎮▼	尸水	洛河
12	良餘山	洛南縣石門鎮西北秦嶺▼	良餘水（甕峪）	河水〔渭河〕
			乳水（石門河）	洛河
13	蠱尾山	洛南縣駕鹿鄉北部秦嶺▼	龍餘水（石坡河）	洛河
14	升　　山	洛南縣駕鹿鄉北部秦嶺▼	黃酸水（仙峪）	河水〔渭河〕
15	陽虛山	洛南縣陳耳鎮北部秦嶺▼		

第六節　《中次六經》地理

　　侯仁之地圖上的《中次六經》西端在澠池縣，其實本篇西接《西山經》華山。本篇在河洛之間，首山平逢山南望伊洛，東望穀城山。穀城山在洛陽西北，則此山應在洛陽東北。平逢讀音接近邙，第2山在其西10里，即今邙山。《水經注》卷十五《洛水》：

> 洛水自枝瀆又東出關，惠水右注之，世謂之八關水……惠水出白石山之陽，東南流與瞻水合，水東出婁涿之山，而南流入惠水。惠水又東南，謝水北出瞻諸之山，東南流，又有交觴之水，北出廆山，南流，俱合惠水。惠水又南流逕關城北二十里者也，其城西阻塞垣，東枕惠水。

　　第3山廆山出交觴水，第4山瞻諸山出謝水，第5山婁涿山出瞻水，《山海經》都是南流入洛，但是《水經注》則都是南流入惠，應以《山海經》為是。因為惠水是一條不大的河流，不太可能有太多的支流。

　　廆山出俞隨水，北流入穀水，是今五龍溝，下游是東馬溝。交觴水是張溝，向西到瞻諸山不足10里，原文30里誇大。

　　瞻諸山出少水，北流入穀水，少水應是沙水，是今洛陽之西的東沙坡村的小河，東北流入穀水，今已乾涸。謝水是今史家溝，下游是蓮池溝，注入洛河。向西到婁涿山不足10里，原文30里誇大。

　　婁涿山出陂水，西部流入穀水，陂水是源自今新安縣東南石人窪、桐樹凹的兩條河流，到三岔口村合流，稱為西馬溝，北流到王灣村，入穀水。瞻水是今昌溝，到董窯村注入洛河。向西到白石山僅有10多里，原文40里

誇大。

第 6 山白石山出惠水，南流入洛。《水經注》稱惠水又名八關水，《元和郡縣圖志》卷五河南府福昌縣（今宜陽）：「八關故城，在縣東北三十里。」則惠水是今宜陽縣東北的郭坪河。向西到谷山不足 20 里，原文 50 里誇大。源頭有大石灣、小石坡等村，《太平寰宇記》卷三河南府洛陽縣：「大石山，一名萬安山，在縣西南四十五里。」山的北部有幾條小河注入磁河，再注入穀水（今澗河），其中一條應是澗水。

第 7 山谷山出爽水，西北流入穀水，爽水應是今新安縣磁河，爽或是茲的形誤，谷山是今鬱山。向西到密山僅有 20 里，原文 72 里誇大。

第 9 山密山出豪水，南流入洛，豪水是今水兌河，出自澠池縣天池鎮，豪通高，出自天池，故名高水。向西到長石山僅有 40 里，原文 72 里誇大。

第 9 山長石山出共水，西南流入洛。《水經注》稱共水又名石頭泉，則共水是今汪洋河，上游有石泉村，源自澠池縣果園村。向西到傅山僅有 60 多里，原文 140 里誇大。

第 10 山傅山出厭染水，厭染水是今宜陽縣的蓮昌河，上游在陝縣境內，稱為永昌河，傅山是今雷震山（1017 年）。傅山之西的森林名為墦冢，源自其西的橐山也即盤陀山，墦冢、盤陀、傅橐即博格達 Bogta，被分成傅山和橐山，這是漢人對西域地名的曲解。厭染即燕然，因為春秋時期很多戎狄東遷伊洛，所以出現很多西域地名。向西到橐山僅有 30 里，原文 50 里誇大。

第 11 山橐山在傅山之西，《水經注》卷四：

> 橐水出橐山，西北流。又有崖水出南山北谷，逕崖峽，北流與乾山之水會。水出乾山東谷，兩川合注於崖水。又東北注橐水，橐水北流出谷……又西逕陝縣故城南……橐水又西北逕陝城西，西北入於河。

橐水即今流過三門峽市區（今陝縣老城）西的青龍澗，橐山即今盤陀山（1344 米），因為很高，故名博格達 Bogta。橐山向西到常烝山僅有 40 多里，原文 90 里誇大。

第 12 山常烝山在橐山之西，《水經注》卷四：

> 河之右，曹水注之，水出南山，北逕曹陽亭西……魏氏以為好陽。《晉書地道記》曰：亭在弘農縣東十三里。其水西北流，入於河。河水又東，菑水注之，水出常烝之山，西北逕曲沃城南，又屈逕其

城西，西北入河……河水又東得七里澗，澗在陝城西七里，故因名
焉。其水自南山通河，亦謂之曹陽坑。是以潘岳《西征賦》曰：行
於漫瀆之口，憩於曹陽之墟。袁豹、崔浩亦不非其地矣。余按《漢
書》，昔獻帝西遷，逼以寇難，李崔、郭汜追戰於弘農澗，天子遂露
次曹陽，……四十里方得達陝。以是推之，似非曹陽，然以《山海
經》求之，茜、曹字相類，是或有曹陽之名也。河水又東合濰水，
水導源常烝之山，俗謂之乾山，蓋先後之異名也。山在陝城南八十
里，其川二源雙導，同注一瀆，而西北流注於河。

常烝山是陝縣（今三門峽陝縣老城）之南的乾山（今甘山、海拔1885
米），酈道元知道曹陽離陝縣有四十里，顯然不是七里澗，其實離陝縣四十里
的曹陽明顯就是被曹魏避諱改為好陽的那個曹陽，曹水為今好陽河。七里澗
即今陝縣和三門峽市區間的蒼龍澗，注入黃河處仍叫七里村，這個蒼龍澗就
是源自乾（甘）山、二源雙導，可見被酈道元認作是濰水的那條河就是七里
澗。七里澗（濰水）是北向入河，不是東北向。今南曲沃村之南有緇陽橋，
據上引《水經注》，茜水（今緇河）是西北流入黃河，也不是原文所說的北
向，所以最大可能是原文所據資料在定向上有偏差，把靈寶到三門峽的西南
—東北向的黃河誤為東西向了。常烝山到夸父山僅有40里，原文的90里被
誇大。

第13山夸父山，北有桃林，出湖水，北流注入黃河，湖水是今靈寶西部
的棗鄉河，北流到故縣鎮注入黃河，故縣鎮就是古代的湖縣城，夸父山在今
靈寶的西部，今名亞武山，即夸父的音轉，主峰今名老鴉岔老（2414米）。郭
璞注：「桃林，今弘農湖縣閿鄉南谷中是也。」夸父山的北面就是閿鄉南部，
夸父山北面，現在有歪嘴子山（1699米）、孟家山（1526米）等山，東部有
女郎山（2043米）、娘娘山（1556米），方圓三百里，即桃林所在。夸父山和
陽華山其實是同一座山，湖水出自北部，陽華山在南部，但是原文認為是東
西分開，因為本篇的方向是從東到西。

第14山陽華山在夸父山之西，其實就是《中次五經》陽虛山，不僅位置
一致，讀音也相近，華、虛二字魚部疊韻，匣溪旁紐。陽華山在今河南靈寶西
南，門水為今文峪河，門 myən、文 miən 都是明母文部，也即後世閿鄉地名
之源。錯姑水，注入門水，其實就是後世的全鳩水，即今文峪河，詳見本書
《西山經》考釋，也即《西山經》首篇首山錢來山地名之源，因為錯是清母鐸

部 tshak，而錢是精母元部 tsian，姑是見母魚部 ka，鳩是見母幽部 kiu，精清旁紐，元鐸通轉，魚幽旁轉，所以讀音很近。陽華山和錢來山相連，陽華山之名和華山有關，兩山相連。顧頡剛發現華山、桃林相連，《職方》之所以把華山當成豫州的山，因為華山和河南的崤山相連，又《樂記》：「馬散之華山之陽而弗復乘，牛散之桃林之野而弗復服。」〔註4〕

　　本篇各山之間的距離基本上都被放大 2 倍，因為靠近洛陽，是當時人口最密之地，所以地名很密，但是地圖可能未標明真實距離，看地圖的人誤以為距離很大，用其他篇目的比例尺去看中原的地圖，所以出錯，則《山經》的作者似乎不應是洛陽人。

	山　名	今　名	出　水	流　向
1	平逢山	洛陽東北		
2	縞羝山	洛陽北邙山▼		
3	廆　山	洛陽西部▼	交觴水（張溝）	洛水（洛河）
			俞隨水（五龍溝）	穀水（澗河）
4	瞻諸山	洛陽西部▼	謝水（蓮池溝）	洛水（洛河）
			少水（沙坡河）	穀水（澗河）
5	婁涿山	洛陽西部▼	瞻水（昌溝）	洛水（洛河）
			陂水（西馬溝）	穀水（澗河）
6	白石山	宜陽、新安之間▼	惠水（郭坪河）	洛水（洛河）
			澗水	穀水（澗河）
7	谷　山	鬱山▼	爽水（磁河）	穀水（澗河）
8	密　山	新安縣天池鎮▼	豪水（水兌河）	洛水（洛河）
9	長石山	新安縣果園村▼	共水（汪洋河）	洛水（洛河）
10	傅　山	陝縣雷震山▼	厭染水（蓮昌河）	洛水（洛河）
11	橐　山	陝縣盤陀山▼	橐水（青龍澗）	河（黃河）
12	常烝山	陝縣甘山▼	潐水（七里澗）	河（黃河）
			菑水（緇河）	河（黃河）
13	夸父山	靈寶女郎山▼	湖水（棗鄉河）	河（黃河）
14	陽華山	靈寶亞武山▼	錯姑（西澗河）	門水（文峪河）
			門水（文峪河）	河（黃河）

〔註4〕顧頡剛：《顧頡剛讀書筆記》卷八，第 207 頁。

第七節 《中次七經》地理

侯仁之地圖上的《中次七經》，誤以為前段在伊、洛之間，誤以為《中次祁進》西接《中次四經》，其實本篇前段在伊河東南，在今嵩縣東部，西接《中次二經》。第 2 山鼓鍾山有帝臺之所以觸百神的泉水，應是今七泉溝，鼓鍾山是今七峰山。《水經注》卷四《河水》認為《山海經》鼓鍾山在黃河以北的冶金之地鼓鍾城，我認為這可能是酈道元的誤解，不過他啟發我們思考伊水東南的鼓鍾山可能也有金屬礦，七泉溝西部的呂溝確實有鐵礦。

第 3 山姑媱山在鼓鍾山之東 200 里，應是今嵩縣東北的九皋山，姑媱和九皋讀音接近。第 4 山苦山在其東 20 里，第 5 山堵山在又東 27 里，在今嵩縣、伊川、汝陽縣交界處。

第 6 山放皋山不是今天的鳴皋山，因為所出的明水，南流入伊水，但是《水經注》卷十五《伊水》，明水是西北流入伊水，其支流康水是今汝陽縣到伊川縣的杜康河，放皋山是今汝陽縣的大虎嶺。

第 7 大𦊽山應是大蜚山之誤，所出的狂水西南流入伊水，狂水是今白降河，大蜚山可能是今風門山，大蜚山可能是大風山之誤。

第 8 半石山在其東，但其實在東北，在今偃師之南，《水經注·洛水》：「洛水又東，合水南出半石之山，北逕合水塢……合水北與劉水合，水出半石東山，西北流逕劉聚，三面臨澗，在緱氏西南，周畿內劉子國，故謂之劉澗。其水西北流注於合水。合水又北流注於洛水也。」劉澗是今瀏澗河，古代注入合水，因為伊水改道，今天的合水下游成了伊河的河道，半石山是今雙龍山。第 9 山少室山、第 10 山太室山，即今嵩山西支、東支，北流入洛水的休水是今鞏義的曹河。第 11 山講山，應是《水經注》的蒲池水的源頭，講可能是蒲之誤，在今廟嶺，蒲池水流入羅水。第 12 山嬰梁山是《水經注》羅水的源頭，在今分水嶺，其北有羅溝村。

第 13 山浮戲山所出的汜水即流經今滎陽、鞏義的汜水河，浮戲山今已改名伏羲山。

第 14 山少陘山，出器難水，北流注入役水，據《水經注·濟水》，器難水是索水（今滎陽市索河）上游的支流，其西有索水的支流㳡然水，《中次六經》傅山出厭染水，厭染、㳡然都是源自燕然，我認為很可能從獸（厭）誤為器，器難即厭難、厭染。第 12 山嬰梁山，讀音也很接近，也是同源字。少陘山是今光嶺，其西的界溝是縣界。

第 15 山太山，南有太水東南注入役水，北有承水東北注入役水，《水經注·渠沙水》：「清水又東北，白溝水注之，水有二源，北水出密之梅山東南，而東逕靖城南，與南水合，南水出太山，西北流至靖城南，左注北水，即承水也。《山海經》曰：承水出太山之陰，東北流注于役者也，世謂之靖澗水。又東北流，太水注之，水出太山東平地。《山海經》曰：太水出太山之陽，而東南流注于役水，世謂之禮水也。東北逕武陵城西，東北流注於承水。」承水俗稱靖水，因為讀音較近，承為禪母蒸部，靖是清母耕部，鄰紐，旁轉。《山海經》稱太水注入役水，在《水經注》中卻注入承水。承水是今八里河，太水是今七里河，太山是今龍湖鎮的泰山，南是七里河源頭，北是八里河源頭。七里河、八里河今在鄭州東南會合，但是古代是圃田澤，所以《山海經》稱太水、承水都注入役水，但是《山海經》太水東南流入役水是東北之誤。

役水源自今新鄭北部，《水經注》：「（官渡）又東，役水注之，水出苑陵縣西隙候亭東，世謂此城為邰城，非也，蓋隙、邰聲相近耳。中平陂，世名之泥泉也，即古役水矣。《山海經》曰：役山，役水所出，北流注於河，疑是水也。東北流逕苑陵縣故城北，東北流逕焦城東陽丘亭西……又東北為八丈溝，又東北清水支津注之，水自沉城東派，注于役水。役水又東逕曹公壘南，東與沫水合……役水又東北逕中牟澤……其水東流北屈注渠。」役水源自今鄭州機場西北的孫崗，到中牟縣，北流入黃河。役山是《水經注》的捕獐山，今稱砲嶂山，四周有一片山崗。

第 16 山末山，出沫水，北流入役水，前人多認為是中牟縣的牟山，《讀史方輿紀要》稱牟山在縣北五里，而《水經注·渠沙水》說沫水出中牟城西南、流經中牟城西，可能是古今縣城位移。但是《水經注》原文是：「今是水出中牟城西南，疑即沫水也。」則酈道元也不肯定這條河就是沫水，如果在中牟西南，要越過役水，距離太遠。從位置來看，末山在太山之東 20 里，則應在今新鄭的北部。很可能是華山，《水經注》記載華城南岡出華水（七虎澗水），其北出紫光溝水，則末山可能是華山之誤，華字筆劃漫漶，壞為末字。末水（華水）是今潮河，北流到鄭州、中牟。

第 17 山敏山在役山之東 35 里，前人或以為是今新鄭西北靠近鄭州、新密的梅山，但是梅山在太山的西北，不應錯在此處。敏山到役山、大騩山的距離都是 35 里，敏山應在溱水（溱河）和洧水（雙泊河）會合處附近，東西

都有崗地，東側有著名的裴李崗遺址，西側有著名的黃臺崗。

第18山大騩山為潧水（今沂河）源地，也不在敏山之東，而在其西南，是今新鄭市西南的具茨山。

大騩山有草，如蓍而毛，青華而白實，其名曰莨，服之不夭，可以為腹病。應該是可以已腹病，即治癒腹病。其實是元胡，2010年4月新聞報導，新密鳳凰山發現千畝野生元胡，河南農業大學高致明教授說這是中國面積最大的野生元胡。〔註5〕元胡開藍花，即青華。元胡對中樞神經系統有止痛和催眠作用，有抑制胃液分泌及抗潰瘍作用，加工提取物還可用於局部麻醉，所以服之不夭，可治腹病。由此可見，《山海經》記載的植物，很多都可信。

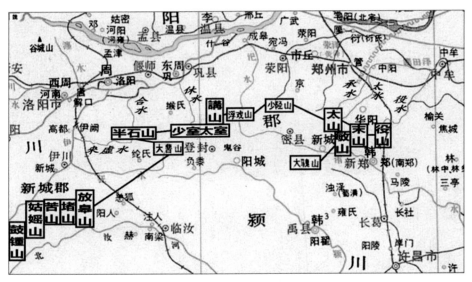

《中次七經》地圖

	山　名	今　　地	出　水	流　向
1	休與山	嵩縣		
2	鼓鍾山	嵩縣七峰山		
3	姑媱山	嵩縣九皋山		
4	苦　山	嵩縣		
5	堵　山	嵩縣		

〔註5〕徐富盈、王銀廷、張鬱：《鳳凰山發現千畝野生元胡、農大教授考證國內面積最大》，中原網：http://www.zynews.com/news/2010-04/15/content_701125.htm。

6	放皋山	嵩縣鳴皋山	明水	伊水（伊河）
7	大𦐐山	登封風門山	狂水（白降河）	伊水（伊河）
8	半石山	偃師雙龍山	來需水	伊水（伊河）
			合水	洛水（洛河）
9	少室山	登封少室山	休水（曹河）	洛水（洛河）
10	泰室山	登封太室山		
11	講　山	鞏義涉村鎮廟嶺		
12	嬰梁山	鞏義涉村鎮分水嶺		
13	浮戲山	滎陽伏羲氏	汜水（汜水）	河（黃河）
14	少陘山	滎陽崔廟鎮光山	器難水（索河）	河（黃河）
15	太　山	新鄭龍湖鎮泰山	太水（七里河）	役水
			承水（八里河）	役水
16	末　山	新鄭郭店鎮華陽寨	末水（潮河）	役水
17	役　山	新鄭砲嶂山	役水	河（黃河）
18	敏　山	新鄭裴李崗、新密黃臺崗附近		
19	大騩山	新鄭西南具茨山		

第八節　《中次八經》地理

　　侯仁之地圖上的《中次八經》在今湖北保康、南漳、宜城、鍾祥，譚其驤地圖上的《中次八經》全在漢江西部。

　　本篇首、次二山景山、荊山為睢水（今沮水）、漳水（今漳水）源地，即今湖北荊山，在今保康西南部和東南部。景是見母陽部 kiang，荊是見母耕部 kieang，讀音接近，景山就是荊山。畢沅在本篇最後總結：「此經之山自湖北襄陽府至河南府，其後十餘山多不詳也。」畢沅的錯誤在於：1. 只見此後諸山向東北，不知東北為東南之誤；2. 見第四山為女幾山，就認作是《水經注》所載河南的女幾山，其實女幾山是個通名，《中次九經》還有四川的女幾山；3. 只考個體，不顧全篇，這是古代輿地考據的通病。如果本篇諸山確實是從襄陽到洛陽，則要穿過《中山經》其他幾篇地域，原文各篇條理清晰，怎麼可能如此混亂？畢沅的錯誤至今仍有影響，〔註6〕必須糾正。

〔註6〕李孝聰《中國區域歷史地理》（北京大學出版社，2004 年，第 166 頁）認為《中次八經》在今河南省伏牛山脈。

　　本篇西接《中次九經》，漳水源頭在沮水源頭的東南部，但是原文是東北部，則此篇前段的東北向實為東南向之誤，中段的東南向實為西南向之誤，前段和中段的所有方向需要旋轉 90 度。因為《山經》每篇原來是一幅長卷地圖，所以容易產生誤解。

　　第 3 山驕山在荊山東北 150 里，有神羊角虎爪，恒遊於睢漳之淵，出入有光，則在沮水、漳水之間，在今遠安縣中東部，或即鳳凰寨（870 米），這是一座突出的高山。驕山即喬山，喬即高。《詩經·周頌·時邁》：「懷柔百神，及河喬嶽。」《毛傳》：「喬，高也。」

　　第 4 山女幾山在驕山東北 120 里，即其東南 120 里，在今當陽的東北部。第 5 山宜諸山出漹水，南流入漳，《水經注》卷三二《漳水》漹水在麥城之南注入漳水，則宜諸山在今當陽東南部。

　　第 6 山綸山在宜諸山東北 350 里，也即在東南 350 里，森林很多，應是今沙洋縣西南的紀山。第 7 山陸鄽山在綸山東北 200 里，也即在東南 200 里，在今荊州東北部。第 8 山光山在之東 130 里，應在其南。光山可能是楚國殺蔡國君主祭祀的岡山，《左傳》昭公十一年：「楚子滅蔡，用隱大子於岡山。」岡山應靠近荊州。光山之神在漳淵，應在漳水注入長江處，在今荊州的西南。則此篇從光山開始，方向轉變，改向西行。本篇可能是由兩卷地圖接成，在楚國都城荊州附近分開，進入本篇中段。

　　第 9 山岐山在光山之東 150 里，其實是西，在今荊州西部。第 10 山銅山在岐山之東 130 里，其實是西，多金、銀、鐵，在今枝江的中南部，可能是金盆山。第 11 山美山在銅山東北 100 里，其實是西，在今枝江西部。第 12 山大堯山在美山東北 100 里，多虎、豹，其實是西，可能是今宜昌的猇亭，堯、猇音近，《水經注》記載猇亭之北有虎牙山，所以大堯山多虎。猇亭在渡口，向西渡過長江，到宜都、長陽。

　　第 13 山靈山在大堯山東北 300 里，其實是西，在今長陽縣東北部。第 14 山龍山在靈山東北 70 里，其實是西，在今長陽縣北部。

　　第 15 山衡山在龍山東南 50 里，應是清江之北的偍山，在今長陽縣西部，《水經注》卷三七《夷水》：「夷水又東逕偍山縣故城南，縣即山名也。孟康曰，音恒。出藥草，恒山今世以銀為音也。舊武陵之屬縣，南一里即清江東注矣。南對長楊溪。」偍山在今長陽縣西部，其南的長楊溪是今泗洋河，上游支流漁泉河即《水經注》所說的長楊溪魚泉。偍山縣城在今漁峽口鎮，地處要

道，有夏商周時期的香爐石遺址，出土商周時期的甲骨和陶印，香爐石是清江北岸的峭壁，恨山即香爐石。從此山開始改為以東南向為主，其實大體上仍然向西，可能原圖是畫在另一幅長卷上。

第 16 山石山在衡山東南 70 里，其實在西，應在今巴東縣南部。第 17 山若山在石山之南 120 里，多赭，其實在西，應在今建始縣的紅石岩鎮或紅土村。第 18 山堯山在若山東南 120 里，多美石，其實在西，應在今恩施。恩施城北的大龍潭附近的清江出產雲錦石，正是在要道。

第 19 山玉山在堯山東南 150 里，多碧、鐵，其實在西，應在今利川的中部，今利川有四個鐵廠溝，元堡鄉鐵廠溝在中部。

第 20 山讙山在玉山東南 150 里，其實在西，出鬱水，潛在其下，顯然是岩溶地貌的伏流（swallet stream），[註 7] 鬱水的源頭恰好在今利川的西南，鬱水有鹽井，所以很重要。玉、鬱音近，玉山和鬱水有關。

第 21 山仁舉山在讙山東北 150 里，其實在西，應在今石柱縣東部。第 22 山師每山在仁舉山之東 50 里，其實在西，應在今石柱縣中部。第 23 山琴鼓山在師每山東南 200 里，其實在西，可能在今豐都縣東北部。

		山　名	今　地	出　水	流　向
1	東段	景　山	保康縣西南部▼	雎水（沮水）	江（長江）
2		荊　山	保康縣東南部▼	漳水	雎水
3		驕　山	遠安縣中東部		
4		女幾山	當陽東北部		
5		宜諸山	當陽東南部▼	滶水	漳水
6		綸　山	沙洋縣西南部		
7		陸鄃山	荊州東北部		
8	中段	光　山	荊州西南部		
9		岐　山	荊州西部		
10		銅　山	枝江中南部		
11		美　山	枝江西部		
12		大堯山	猇亭虎牙山▼		

〔註 7〕 袁道先主編：《岩溶學詞典》，地質出版社，1988 年，第 35 頁。

13		靈　山	長陽東北部		
14		龍　山	長陽北部		
15	西段	衡　山	長陽漁峽口鎮香爐石▼		
16		石　山	巴東縣南部		
17		若　山	建始縣中部		
18		巏　山	恩施中部		
19		玉　山	利川中部		
20		讙　山	利川西南	鬱水	
21		仁舉山	石柱縣東部		
22		師每山	石柱縣中部		
23		琴鼓山	豐都縣東北部		

第九節　《中次九經》地理

　　侯仁之、譚其驤地圖上的《中次九經》全部在四川北部，其實本篇是從四川、重慶北部延伸湖北境內，東接《中次八經》。自西向東，首為岷山之首女幾山，出洛水，東注江水，洛水疑即若水（今雅礱江），此山在川西高原，古人未必知其真源所在，但是應該能得知若水。《海內經》：「南海之內，黑水、青水之間，有木名曰若木，若水出焉。」因為在此，所以又向東北，才到岷山。

　　女幾山東北300里是岷山，出洛水，注入大海。又東北140里到崍山，出江水，注入大江。又東150里到崌山，出江水，注入大江。則岷山的江水是古人眼中的主流，即岷江。而崍山、崌山所出的江水是岷江的支流，則崍山、崌山應該在岷山的西南，原文順序有誤。西漢在汶江道（今茂縣）所設的汶山郡源自岷山，汶、岷古音接近。岷為明母真部 mien，汶為明母文部 meən，真文旁轉。岷山主峰是今松潘縣東南的雪寶頂（5588米），東南是平武縣的水晶鎮，出水晶，所以岷江多白瑉，其實是水晶。向東經平武縣、江油縣，到劍閣縣的高梁山（大劍山），距離吻合。

　　女幾山應是兩岐山，《太平寰宇記》卷七三彭州九隴縣：「兩岐山，在縣西北二十七里，李膺記：此山出木堪為船，本琅岐山，語訛為兩岐山。」漢州什邡縣羅江水：「源出彭州九隴縣兩岐山，經縣界入雒縣，亦名廉江水。」羅

江即雒水，即女幾山所出的洛水，在今彭州北部。洛水的源頭是什邡和茂縣之間的九頂山，但是什邡和彭州之間的亮卡即兩岐山，今圖又名獅子山，因為靠近漢地，所以古人認為是洛水源頭。

岷山可能是鶴鳴山，《太平寰宇記》卷七五邛州安仁縣：「斜江水，在縣南五里，自大邑縣鶴鳴山來，斜流過縣，又東流至蜀州新津縣。」主峰今名雄礦岩，所出江水是斜江水。崍山在其西 150 里，可能是今寶興縣北部的邛崍山，所出江水是青衣江。

第 4 山之東 300 里，到第 5 山高梁山，譚其驤根據《太平寰宇記》劍州劍門縣「大劍山亦曰梁山，《山海經》云高梁之山，西境岷峨，東引荊衡」判斷高梁山為大劍山，《隋書・地理志》巴東郡梁山縣的高梁山在今梁平縣，[註8] 應是劍閣縣的大劍山。

第 6 山蛇山在高梁山之東 400 里，應在今旺蒼縣北部，是西游水、東游水的源頭。西游水的上游有鹽河鄉，鹽礦資源資源，所以被記載。第 7 山鬲山在蛇山之東 500 里，出蒲薨水，東流注入長江。今通江縣的小通江原名諾水，今仍有諾水河鎮，通江縣城在諾江鎮，上古音的諾 nak 和鬲 lek 接近。鬲也可能是灂之形誤，《漢書・地理志上》巴郡：「宕渠，符特山在西南。潛水西南入江。」宕渠縣城在今渠縣東北，潛水是今渠江，小通江的源頭在陝西南鄭縣東南的天池山，或即鬲山。

第 8 山隅陽山在鬲山東北 300 里，出徐水，東流注入江水，《漢書・地理志上》巴郡宕渠縣：「不曹水出東北徐谷，南入潛。」《水經注》卷二九《潛水》：「（巴郡宕渠）縣西北有不曹水，南徑其縣下，注潛水。」前人認為徐水即今四川萬源的後河，至渠縣注入渠江（潛水），渠江至合川注入嘉陵江。[註9] 清代錢坫《新斠注地理志》卷十二說不曹水：「即今巴江也，有三原，最北曰後江，原出太平縣北大橫山。」太平縣 1914 年改名萬源，萬源北部的鎮巴縣有漁水河、漁渡鎮，所以隅陽可能是漁陽。

第 9 山岐山在隅陽山之東 250 里，出減水，東流注入江水，減水即鹹水，應靠近鹽礦，今城口縣明通鎮有鹽井，後蜀設明通院，北宋因之，縣城葛城鎮也有鹽井潭，但是岐山多鐵，鐵礦集中在明通鎮附近，而且葛城鎮在漢水

〔註 8〕魏嵩山主編：《中國歷史地名大辭典》，廣東教育出版社，1995 年，第 943 頁。
〔註 9〕〔北魏〕酈道元撰、楊守敬、熊會貞疏、段熙仲點校：《水經注疏》，江蘇古籍出版社，1989 年，第 2461 頁。

流域，所以岐山應在今城口縣東南的觀面山，減水是前江。

第10山勾欄山在岐山之東300里，應在今巫溪縣西北部。第11山風雨山在勾欄山之東150里，出宣余水，東流注入長江，風雨山應在今巫溪縣東北部，宣余水是大寧河。

第12山玉山，可能在今巫山縣北部。第13山熊山在玉山之東150里，有熊穴，出神人，楚人祖先穴窮即穴熊，窮、熊皆為東部，讀音很近。應是神農頂，本篇末尾說說文山、勾欄、風雨、騩山皆冢，熊山是帝，《中次九經》有騩山，《中次十經》無騩山，但是《中次十經》最後說騩山也是帝，可能是《中次九經》錯簡，誤在《中次十經》之後。騩山、熊山地位極高，因為是楚人祖先所居。

第14山騩山在熊山之東140里，在今神農架林區中部，可能是水洞山，宋洛鄉出水晶、瑪瑙、翡翠、孔雀石、銅、鐵、金等，所以騩山出美玉、赤金、鐵。第15山葛山在騩山之東200里，在今神農架林區東部。第16山賈超山在葛山之東莞170里，在今保康縣西部。《中次九經》最後《中次九經》向東是《中次八經》的荊山，進入楚國的核心之地。

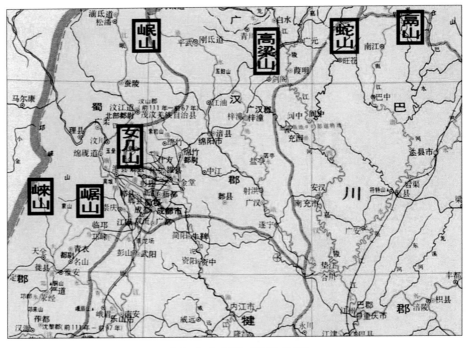

《中次九經》西段地圖

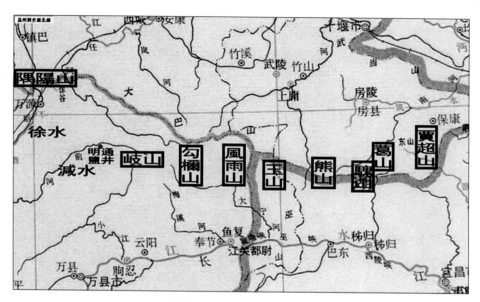

《中次九經》東段地圖

	山　名	今　地	出　水	流　向
1	女幾山	彭州亮卡▼	洛水（洛水）	江（長江）
2	岷　山	松潘縣雪寶頂▼	江水（岷江）	海
3	崍　山	邛崍山（大相嶺）▼	江水（青衣江）	大江（岷江）
4	崌　山	鶴鳴山（雄礦岩）▼	江水（斜江河）	大江（岷江）
5	高梁山	劍閣縣大劍山▼		
6	蛇　山	旺蒼縣北部		
7	鬲　山	陝西南鄭縣天池山▼	蒲薨水（通江）	江（長江）
8	隅陽山	萬源、鎮巴之間	徐水（後河）	江（長江）
9	岐　山	萬源觀面山▼	減水（前江）	江（長江）
10	勾檷山	巫溪縣西北		
11	風雨山	巫溪縣東北	宣余水（大寧河）	江（長江）
12	玉　山	巫山縣北部		
13	熊　山	神農頂▼		
14	騩　山	水洞山▼		
15	葛　山	神農架林區東部		
16	賈超山	保康縣西部		

第十節 《中次十經》地理

畢沅說《中次十經》:「諸山經傳不著也。」侯仁之的地圖上不畫本篇,譚其驤也不考本篇,但是他在地圖上標有中山首經至七經、十至十一經,在今河南的南部,考證錯誤。顧頡剛懷疑楮山在郴州,〔註10〕也不對。

本篇自東向西共9山,第7山又原山疑即酉水源頭的酉原山,在今湖北鶴峰縣和宣恩縣之間,《漢書‧地理志》武陵郡充縣:「酉原山,酉水所出,南至沅陵入沅,行千二百里。」第6山楮山在其東20里,在今鶴峰縣中部,可能在今兩河口附近,地處要道。第5山復州山在其東30里,在今鶴峰縣東部。可能在今石洲河村,從食州誤為復州。第4山勇石山在其東20里,可能是今五峰縣西部的崩壩坡村。勇石應是雍石,指山體滑坡,石頭壅塞。

第3山繁繢山在其東北20里,在今五峰縣中西部,可能在今摩天嶺附近。第2山虎尾山在其東北50里,在今五峰縣中部。今有老虎口,是一個險峻山口,虎尾山或許在附近。首山首陽山在其東50里,在今五峰縣東部的漁洋關鎮。向東是松滋,正好東接《中次十二經》。

第8山涿山在又原山(酉原山)之西50里,則在今宣恩縣東部。第9山丙山在第8山之西70里,在今宣恩縣中部。

	山　名	譚考位置	本書新考位置	所出之水	流　向
1	首陽山	河南南陽	五峰縣漁洋關鎮		
2	虎尾山	各山同上	五峰縣中部		
3	繁繢山		五峰縣中西部		
4	勇石山		五峰縣西部		
5	復州山		鶴峰縣東部		
6	楮山		鶴峰縣中部		
7	又原山		鶴峰、宣恩之間酉原山▼	〔酉水〕	
8	涿山		宣恩縣東部		
9	丙山		宣恩縣中部		

〔註10〕顧頡剛:《顧頡剛讀書筆記》,第4991頁。

第十一節 《中次十一經》地理

首山翼望山，出湍水（今湍河），在今內鄉縣北伏牛山，緊鄰出清水（原文誤為濟，今白河）的第 11 山支離山，前十幾山應在南陽的北部。其中帝囷之水、從水、鯢水、求水都是「出於其上，潛於其下」，這是對岩溶地貌地下暗河的描寫，「夏有水，冬竭」的「天井」顯然是一個天然井（natural well）〔註 11〕，在南陽地區伏牛山中列確實有岩溶地貌，如內鄉縣竹園溝附近有地下暗河 1000 多米，而西峽縣桑坪鄉則有天井。〔註 12〕

第 17 山高前山，《宋本太平寰宇記》：「鄧州內鄉縣（今西峽縣），高前山，今名天池山，《山海經》云翼望之山東南五十里，曰高前之山，其上有水焉，甚寒而清，帝臺之漿也，飲之者不心痛」，〔註 13〕這很清很冷的泉水很可能是岩溶水，〔註 14〕這個天池應該是以岩溶湖形態出現的岩溶漕谷（karst valley）。〔註 15〕

潕水為今方城縣東賈河（平頂山市的甘江河、駐馬店市的洪溪河、小洪河），這裡把它當作滎水（據《水經注・潕水》為今方城縣東沙河）支流似乎有誤，因為戰國時已經有舞陽，則潕水之名早已為全流通用。第 20 山畢山，畢沅疑為《水經注》瀙水支流比水源頭所在的旱山。

蔵山出視水（今汝河正源），在今泌陽縣北。第 20、26、30、31、45 山所出河流注入視水，殺水似乎是泌陽、確山、遂平、駐馬店交界處的黃西河，淪水（趙文獻河？）、奧水在今遂平縣西部，皆見於《水經注・瀙水》。

酈道元《水經注・汝水》說澧水（今澧河）出自雉縣的衡山，而這裡說出自雅山，雅山東面第二座山才是衡山，可見《山經》描述之詳細，雅山、衡山在今方城縣北澧河上游。衡山東面的章山（皋山之訛）出皋水東南流注入澧河，在今葉縣西南，見《水經注・汝水》。第 28 山倚帝山，畢沅曰：「山在今河南鎮平縣西北，《新唐書・吳筠傳》云筠居南陽倚帝山。《太平寰宇記》

〔註 11〕袁道先主編：《岩溶學詞典》，地質出版社，1988 年，第 15 頁。
〔註 12〕南陽地區地方史志編撰委員會編：《南陽地區志》，河南人民出版社，1994 年，第 140 頁。
〔註 13〕樂史：《宋本太平寰宇記》，北京：中華書局，2000 年。其實《山經》原文翼望山、高前山相隔豈止五十里，樂史只看了高前山和前一山相隔五十里，就加到首山翼望山之後，足見其引《山經》之不審。
〔註 14〕車用太、魚金子：《中國的喀斯特》，科學出版社，1985 年。
〔註 15〕袁道先主編：《岩溶學詞典》，地質出版社，1988 年，第 17～18 頁。

云南陽廢菊潭縣西北一十五里騎立山……案：騎、倚聲相近，立則帝字之壞也。」

本篇在南陽盆地北部、東部諸山。其中潕水、視水兩河沿岸尤為詳細，其敘述密集度在《山經》中應屬前列。

第十二節　《中次十二經》地理

譚其驤未考證《中次十二經》各山，但是在他的地圖上畫在湖北公安到江西九江之間。其實本篇西端到松滋縣最西部，東端到。

本篇自西向東 15 山，第 6 山夫夫山很可能是「大夫山」之訛（古人將大夫寫作夫的重文），[註16] 若是則為鼎水所出的大浮山（今臨澧、常德、桃源、石門之間），大浮山見於宋代的《太平寰宇記》、《元豐九域志》、《輿地廣記》等書的湖北路澧陽縣。不過距離君山太遠，夫夫山應在今華容縣東北部，所以其神常在江淵，因為這片山丘被長江環繞。

第 5 山風伯山之東有莽浮林，風伯、莽浮音近，可能是今公安縣黃山頭鎮和安鄉縣之間的黃山，其西有馬波湖村，馬波音近莽浮。向東 150 里到夫夫山，方位和距離吻合。

第 4 山丙山在風伯山之西 70 里，則是今津市市的大同山。第 3 山龜山在丙山西北 130 里，是今澧縣金羅鎮的石龜山。第 2 山雲山在龜山西北 70 里，應是今松滋市西南邊界的一座高山。首山篇遇山在雲山西北 50 里，在今松滋最西部，篇遇 pian-ngo 就是盤古 pan-go，是苗瑤族群崇拜的祖先。

第 7 山洞庭山即岳陽君山，在洞庭湖中。原文：「帝之二女居之，是常遊於江淵。澧沅之風，交瀟湘之淵，是在九江之間。」江淵即長江，澧水、沅水、湘江到洞庭湖區匯入長江，河道眾多，長江也有汊道，故名九江。九江是地理通名，湖北最東部的黃梅、武穴也有九江，也即《史記・河渠書》司馬遷登上廬山北望看到的九江。

錢穆在 1932 年《燕京學報》第 12 期發表《古三苗疆域考》，1934 年《清

〔註16〕郝懿行注：「案吳氏雲《釋義》本作大夫之山，《續通考》引此亦作大夫山，又案秦嶧山碑、漢印篆文，大夫都作夫夫，則二字古相通也。余按《宋景文筆記》說：古者大夫字使用疊化寫之，以夫有大音故也，《莊子》、李斯嶧山碑如此。」又見胡文輝：《山海經劄記》，《中國早期方術與文獻叢考》，中山大學出版社，2000 年，第 27 頁。

華學報》第 9 卷第 3 期發表《楚辭地名考》，誤考洞庭山黃河流域，把《淮南子・賣經訓》羿殺鑿齒的疇華之野誤以為是《國語・鄭語》在今河南省的疇、歷、華，其實疇華是《山海經・海外南經》的壽華之野，在今西南。

第 8 山暴山在洞庭山（君山）東南 180 里，在今臨湘的中南部。第 9 山即公山在暴山東南 200 里，在今崇陽縣南部，其實是在暴山的東北部。

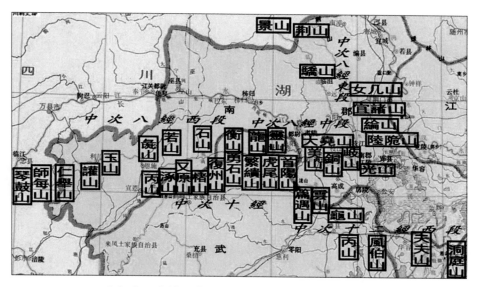

《中次八經》、《十經》、《十二經》西段地圖

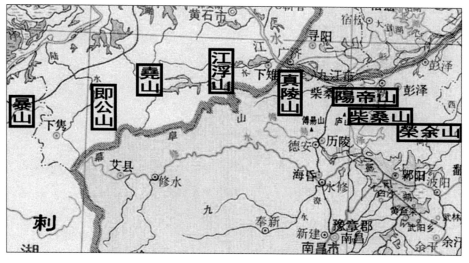

《中次十二經》東段

	山　名	譚考位置	本書新考位置	所出之水	流　向
1	篇遇山	湖北公安	湖北松滋西部		
2	雲　山		松滋西南		
3	龜　山		湖南澧縣石龜山		
4	丙　山		湖南津市大同山▼		
5	風伯山		湖南安鄉縣黃山▼		
6	夫夫山		湖南華容縣東北		
7	洞庭山		湖南岳陽君山▼		
8	暴　山		湖南臨湘南部		
9	即公山		湖北崇陽縣南部		
10	堯　山		湖北通山縣西北		
11	江浮山		湖北陽新縣西部		
12	真陵山		江西瑞昌縣青山▼		
13	陽帝山		江西九江城門山▼		
14	柴桑山		江西九江廬山▼		
15	榮余山		都昌縣鳴山▼		

　　第 10 山堯山在即公山東南 159 里，在今通山縣西北部，其實也是在即公山的東北部。第 11 山江浮山在堯山東南 100 里，在今陽新縣西部，其實是在堯山的東部。江浮疑即江富，即富水，按照百越侗臺語的詞序顛倒。

　　第 12 山真陵山在江浮山東南 200 里，在今武穴對岸的瑞昌縣碼頭鎮，青林水口在今武穴，青林即真陵，《水經注》卷三五《江水》：「又東，左得青林口，水出廬江郡之東陵鄉……西南流，水積為湖，湖西有青林山……故謂之之青林湖……湖水西流，謂之青林水，又西南歷尋陽，分為二水，一水東流，通大雷。一水西南流注於江，《經》所謂利水也。右對馬頭岸。」今恰好有青龍山、青山腦，可見青林山是青龍山。

　　第 13 山陽帝山，出美銅，今瑞昌多銅礦，最大的是武山銅礦，瑞昌夏畈鎮銅嶺有商代中期到戰國早期的中國最早銅礦遺址，年代在 3330 年前的商代中期到戰國早期。〔註 17〕其東的九江北部城門山也有銅礦，陽帝山應是城門

〔註 17〕江西省文物考古研究所銅嶺遺址發掘隊：《江西瑞昌銅嶺商周礦冶遺址第一期發掘簡報》，《江西文物》1990 年第 3 期。

山。第 14 山柴桑山在陽帝山之南 90 里，則是廬山，漢代柴桑縣在今九江。
柴桑山東南 230 里為榮余山，在今都昌縣東南部，鳴山鄉七里村有銀礦，其
南的杭橋鄉黃崗山有銅礦，所以榮余山有銅、銀，榮余山是鳴山。

第十三節 《中山經》與戰國形勢

《中山經》首篇前段在中條山西段，後段又突然飛到汾河中游，這是因
為河東郡（今晉西南）是魏國之地，魏的故都安邑在今夏縣，但夏縣以東是
韓國之地，汾河下游也是韓國的範圍，再往北還有一小塊地區屬魏，所以《中
山經首篇》的奇怪地域源自韓、魏疆域分野，《中山經》首篇的南半部分到安
邑南部為止，安邑之東是中條山，這是韓、魏之界，中條山東南的武遂（在今
垣曲）是韓地，所以《北山經》的第三篇《北次三經》就起自中條山脈之中的
景山，所以《中山經》首篇有這種奇怪的轉向。

《中次二經》到《中次七經》的六篇，其中除了《中次三經》外，都起自
洛陽附近，只有《中次三經》是自西向東，最後到達洛陽西北。《中次四經》
《中次六經》分別從洛河兩岸西延，終點在洛南縣、三門峽，是今陝西、河南
二省分界，早期秦、晉的界限也在這裡。函谷關作為秦的東門的時間較晚，
春秋時期豫西屬晉。《戰國策·秦策三》：「秦韓之地形，相錯如繡。秦之有韓，
若木之有蠹，人之病心腹。」秦、韓的國界，交錯如刺繡。秦、韓、魏交界處
時常易主，《魏世家》：

> （襄王五年）圍我焦、曲沃……（六年）秦取我汾陰、皮氏、
> 焦……八年，秦歸我焦、曲沃。十一年，樗里疾攻魏焦，降之。

《秦本紀》：

> （秦孝公）於是乃出兵東圍陝城，西斬戎之獂王。

> （惠文王）十三年四月戊午，魏君為王，韓亦為王。使張儀伐
> 取陝，出其人與魏。

> （昭襄王十一年）秦與韓、魏河北及封陵以和。

《六國年表》秦惠文王十年，設陝縣，三年之後又取陝，可見秦、魏在
此有爭奪。後世陝縣在今三門峽市，可能是後世移治。最早的陝在今三門峽
市西部，焦在今三門峽市東部。曲沃在陝城之西，今靈寶市東部。

《水經注》卷四《河水》：

（橐水）又西北，逕陝城西，西北入於河……河南即陝城也。
昔周、召分伯，以此城為東西之別。東城即虢邑之上陽也。虢仲之
所都為南虢。三虢，此其一焉。其大城中有小城，故焦國也。武王
以封神農之後於此。

《淮南子・說林訓》：「秦通崤塞，而魏築城也。」秦國多次攻打這一地
區，封陵即今風陵渡，秦國把黃河以北又還給韓、魏。既然陝縣一帶已經屬
秦，韓、魏如何還能越過此地，到達封陵？其實還有黃河水路，《中次六經》
陽華山：「門水出於河，七百九十里入雒水。」這是全書唯一的水路里程記
載。在早期的史書中，很少有水路里程記載。《漢書・地理志》雖然有河流的
長度，但是不是水路里程。《宋書・州郡志》有水路里程，但是限於政區之間，
而且晚到六朝。《山海經》的這一句話非常罕見，不合全書體例，必然至關重
要。從門水（西澗河）到洛河的水路，是戰國時期最重要的一條航路。門水就
是函谷關所在地，所以這條水路必然是韓魏，尤其是魏國的重要水路。以前
的學者發現魏國的疆域分為兩塊，一塊是河南，一塊在河東，故都在安邑，
新都在大梁（開封市），一直不知道魏國如何聯繫兩塊國土。其實根據我的考
證，魏國主要是利用黃河水路聯繫兩塊國土，證據有二：

一、《史記・吳起傳》說：

　　魏文侯既卒，起事其子武侯。武侯浮西河而下，中流，顧而謂
　吳起曰：「美哉乎山河之固，此魏國之寶也！」

吳起和魏武侯順黃河而下，自然是利用了這一水路，起點是西河，也即
黃河的山西、陝西之間河段，終點很可能是大梁。

二、《孟子・梁惠王》說：

　　梁惠王曰：寡人之於國也，盡心焉耳矣！河內凶，則移其民於
　河東，移其粟於河內，河東凶亦然。

魏國的河東發生災荒，災民被移到河內（今豫西北），河東糧食運到河
內，河內發生災荒，也是一樣。糧食很重，災民很困難，不可能走河東、河內
之間的山路，最有可能是利用黃河水路。

譚其驤主編《中國歷史地圖集》第一冊是楊寬等人所作，其中公元前350
年的戰國形勢圖，認為魏國通過中都（今山西平遙縣）和路（今山西潞城市）
之間的狹長山區聯繫兩塊國土。鍾鳳年認為魏國借道韓國，缺乏證據。史念
海認為從絳（在今山西絳縣）到河內，沒有說明穿過韓國的問題。也有學者

認為魏國可能通過黃河沿岸道路，[註18] 其實這還是存在穿過韓國土地的問題。結合《山海經》的這一水路記載，自然以水路最有可能。

門水以東的曲沃、陝、焦，原來都是魏地，被秦國佔領後，魏國只能利用黃河水路聯繫河東。之所以到達洛河口，因為洛河口北部的溫、懷都是魏地。溫縣之西，是魏國和韓國的爭奪區，因為韓國要通過溫縣之西聯結南北兩塊國土。《水經注》卷五《河水》引《竹書紀年》：「梁惠成王十三年，鄭釐侯使許息來致地平邱、戶牖、首垣諸邑，及鄭馳地，我取枳道與鄭鹿。」枳道在今濟源市，是河南和山西之間的要道。《水經注》卷七《濟水》：「汲郡《竹書紀年》曰：鄭侯使韓辰歸晉陽及向。二月，城陽、向，更名陽為河雍，向為高平。」河雍在今孟縣南部，這一帶被魏國佔領，又被秦國佔領，《六國年表》秦昭襄王十八年：「客卿錯擊魏至軹，取城大小六十一。」軹即枳，《穰侯傳》：「穰侯封四歲，為秦將攻魏，魏獻河東方四百里。拔魏之河內，取城大小六十餘。」秦國佔領河內六十一城，魏國的河東已經屬秦。

秦國之所以能夠穿過韓國土地，突然攻打到魏國的河內，就是因為取得河東之後，順流而下，沿用魏國人使用的黃河水路。《戰國策·齊策一》：「秦欲攻梁絳、安邑，秦得絳、安邑以東，下河，必表裏河而東攻齊。」這裡說秦國得到魏國的河東地區，一定會順流而下，佔領黃河沿岸。

《中次八經》以下諸篇都在楚地，《中次八經》西北和《中次九經》東端銜接，《中次八經》西南和《中次十經》東端銜接，三篇構成一個圓弧，起自岷山，向東到沮漳河流域，再到鄂西南。

《中次八經》諸山不是鄂西山地的中脊，也不是三峽一帶的巴、巫邊塞，而是鄂西山地的東部邊緣。鄂西荊山為楚人發跡地，《史記·楚世家》說西周時熊渠「甚得江漢間民和，乃興兵伐庸、楊粵」，春秋楚文王已是「陵江漢間小國」。根據最新發現的戰國楚簡《楚居》，可知沮漳河上游山地是戰國晚期楚人認定的發祥地。

《中次十一經》在漢水流域北部的南陽盆地東北部，《中次十二經》在江漢平原南部，南北對稱，這是楚國核心區的江漢平原的南北屏障。長江流域，特別是長江中下游的山區，只有桐柏山——大別山不見於《山海經》。之所以漏載，因為楚人在春秋時期已經進入江淮地區，所以桐柏山——大別山

早已不是楚人需要關注的邊境。按照《中次八經》以下各篇排序，即使桐柏山——大別山被《山海經》記載，也應該排在第十三篇。因為先是楚國西部諸山，然後是江漢平原南北諸山。

方城是楚國的北邊屏障，無須贅述。鄂君啟節銘文：「自鄂往，庚陽丘，庚邡（方）城，庚象禾，庚畐焚，庚繁陽」，這裡的方城在今方城縣，象禾即今泌陽縣北的象河關，畐焚即今遂平縣。象禾（象河）在視水源頭，畐焚（遂平）也在視水邊，可見從方城到視水一線是楚國北出中原的要道。而《中次十一經》恰好是從方城縣的澧水、潕水上游到視水流域，視水全線由西至東，尤其詳細。相對於南越、東越，針對中原諸國的防守更重要，所以《中次十一經》共 48 座山密布在南陽盆地東北方城一線。

漢水中游諸山也不見於《中山經》，因為漢水流域是楚國早期核心地區，所以這裡也是楚國的內地，而非邊疆。戰國時期，隨著秦國的擴張，漢水流域戰爭較多，這裡才逐漸成為楚國邊疆。但是秦國很晚才佔領漢中，所以《山海經》沒有這一地區諸山。

湖南省和江西省最北部諸山在《中次十經》、《中次十二經》，這兩列山恰好銜接，恰好在南郡和武陵郡的郡界，這是楚國核心之地和湖南的邊界。《中次十二經》的東部到達都昌縣東南部，向東銜接《南次二經》，《南次二經》是楚國攻下越國之地的南界。湖南省最南部諸山在《南次三經》，湖南省中部地區沒有記載在《山海經》中。因為楚國南收百越，佔領湖南省和江西省，南嶺是楚國的新邊境，《中次十經》、《中次十二經》和《南次二經》、《南次三經》是楚國的新老兩個邊界。所以《中山經》和《南山經》銜接，代表楚國的故地和新地。

湘、贛二省中間的羅霄山脈，也不見於《山海經》，因為楚人最早沿湘江、贛江等大河的河谷推進，較晚涉足湘、贛內部山區，這裡不對楚人構成威脅。此地的完全漢化，到晚到六朝隋唐時期。

《中次十經》在鄂西南，沒有向西延伸到烏江流域，因為楚國的範圍只到此地，楚國的黔中郡主要在沅水流域，還不到現在的貴州省中部。楚國在四川盆地，推進到重慶附近。《華陽國志·巴志》說：「巴子時，雖治江州，或治墊江，或治平都，後治閬中。先王陵墓多在枳，其畜牧在沮。」《戰國策·燕策二》說：「楚得枳而國亡。」楚國最西攻到枳，這大概就是巴國都城不斷北徙的原因，巴國從墊江（今合川）北徙閬中（今閬中）。王象之《輿地紀勝》

卷第一五九：「銅梁山，《九域志》引《益部耆舊傳》云：昔楚襄王滅巴子，封廢子於濮江之南，號銅梁侯。《圖經》云：銅梁山在石照縣南五里，左思《蜀都賦》曰：外負銅梁而宕渠，即此山也。」宋代的石照縣治今合川市，銅梁山居然還有一個楚國所封的巴人小君，說明楚國的勢力一直遠達此處。因為楚人打到嘉陵江流域，所以楚人能夠熟悉四川盆地北部的大巴山，所以《中次九經》的西北部起自岷山，比《中次八經》更西。